Mark Hosak und Junghee Jang

Sieben geheime Reiki-Techniken

Zur Kraftverstärkung
und Verfeinerung der Wahrnehmung

WINDPFERD

Wichtiger Hinweis:
Die in diesem Buch vorgestellten Informationen sind sorgfältig recherchiert und wurden nach bestem Wissen und Gewissen weitergegeben. Dennoch übernehmen Autor und Verlag keinerlei Haftung für Schäden irgendeiner Art, die direkt aus der Anwendung oder Verwendung der Angaben in diesem Buch entstehen. Die Informationen in diesem Buch sind für Interessierte zur Weiterbildung gedacht.
Die in diesem Buch aufgeführten Heilmethoden und Übungen ersetzen den Gang zum Arzt oder Heilpraktiker nicht. Sie sollen als Zusatzbehandlung den Heilprozess unterstützen.

2. Auflage 2007
© 2007 by Windpferd Verlagsgesellschaft mbH, Aitrang
www.windpferd.de
Alle Rechte vorbehalten
Umschlaggestaltung: Kuhn Grafik, Zürich,
unter Verwendung eines Fotos von Konrad Gös
Fotos im Innenteil: Konrad Gös
Lektorat: Silke Kleemann
Layout: Marx Grafik & ArtWork
Gesamtherstellung: Schneelöwe Verlagsberatung und Verlag, Aitrang
Printed in Germany · ISBN 978-3-89385-528-5

Inhalt

Einleitung — 5

Vorwort — 8

Die erste Reiki-Geheimtechnik: Das *Kaji*-Ritual — 11
Was ist *Kaji*? — 15
Was ist *Shinki*? — 15
Die Wellenbewegung des Energieflusses — 16
Heilungs-Hindernisse und -Blockaden — 18

Die zweite Reiki-Geheimtechnik: Geheime Reiki-Atmung — 19
Die Bedeutung des Atems — 22
Bauchmassage durch Bauch-Atmung — 22
Das Steuern von Ki mit der bewussten Lenkung der Aufmerksamkeit — 23
Lebensenergie aus der Umgebung — 28
Reiki-Atmung und das Innere Kind — 29
Die geheime Reiki-Atmung mit Usui Senseis Lebensregeln — 29

Die dritte Reiki-Geheimtechnik: Reiki-Visualisation — 33
Meditation und Visualisation — 38
Aktive Integration des Inneren Kindes in den Alltag — 44
Wahrnehmungssinne entwickeln mit Visualisation — 46
Entspannungstechnik mit Visualisation — 48
Übung macht den Meister — 50

Die vierte Reiki-Geheimtechnik: Gasshô — 51
Was passiert in den Chakras bei der Gasshô-Haltung? — 53
Die Kräfte von Yin und Yang in der Gasshô-Mudrâ — 56
Gasshô: Die Mandala-Hände — 57

Die fünfte Reiki-Geheimtechnik: Dôkô — 59
Reiki-Dôkô für das eigene Energiesystem — 60
Reiki-Dôkô in Behandlungen — 63
Trommeln im Reiki-Dôkô — 64

Die sechste Reiki-Geheimtechnik: Sensibilisierung   67
Usui-Mudra zur Verfeinerung der Wahrnehmung   70
Spirituelles NLP
zur Steigerung der Feinstofflichen Wahrnehmung mit Reiki   71
Das Lösen von Blockaden mit Rainbow Reiki und Spirituellem NLP   72

Die siebte Reiki-Geheimtechnik: Reiki-Behandlungen mit Heilsteinen   73
Bergkristall   74
Sonnenstein   75
Schwarzer Turmalin (Schörl)   76
Rubin   76
Heilstein-Aura-Trommeln   80
Heilstein-Variation zur geheimen Kraftverstärkung mit Reiki   82

Nachwort   83

Glossar   84

Anmerkungen   88

Autoren   89

Einleitung

Das Reiki-System von Mikao Usui zur ganzheitlichen Heilung mit der spirituellen Lebensenergie zeichnet sich durch seine Einfachheit aus. Um mit der Praxis beginnen zu können, brauchen Sie nur ein Reiki-Seminar zu besuchen und die Einweihungen in die Reiki-Energie zu erhalten. Danach können Sie unverzüglich „Hand anlegen".

Im Laufe der Jahre ist uns immer klarer geworden, dass gerade in dieser Einfachheit die besondere Schönheit – und auch die Wirksamkeit – von Reiki liegt. Oft verbergen sich die wundersamsten Dinge im vermeintlich ganz Gewöhnlichen. Der Schlüssel, um sie wirksam zu machen, ist, sich für diese Geheimnisse zu öffnen, sie ins eigene Leben zu integrieren und sie in geduldiger und vertrauensvoller Praxis immer stärker erblühen zu lassen. Das kann jeder, von Beginn an. Natürlich hilft aber die Anleitung und Ermunterung anderer, die schon mehr Erfahrungen gesammelt haben. Junghee und ich haben es uns zum Ziel gemacht, in diesem Buch sieben geheime Techniken mit den dazugehörigen Themenbereichen vorzustellen, die sich als besonders wirkungsvoll erwiesen haben. Diese Techniken sind einfach und tief zugleich. Mit der die Texte ergänzenden reichen Bebilderung wollen wir alle Sinne ansprechen und das Ausprobieren im wahrsten Sinne des Wortes zu einem Kinderspiel machen. Jeder kann mit diesen Techniken eine Verstärkung des Kraftflusses und eine Verfeinerung der feinstofflichen Wahrnehmung erfahren, auch Sie!

Heute sind die „Sieben geheimen Reiki-Techniken" ein fester Bestandteil unseres Heilens mit Reiki und ebenso der Reiki-Seminare, die wir unterrichten. Dadurch kommt jeder, der mit Reiki zu arbeiten beginnt, gleich von Anfang an in den Genuss, viel zu spüren und großartige Ergebnisse zu erzielen. Deshalb werden diese Techniken mit enormer Begeisterung angenommen. Oft bekommen wir Feedback wie: „Ich habe es ausprobiert. Das funktioniert ja wirklich!"

Doch bevor wir die geheimen Techniken später im Einzelnen beschreiben werden, möchte ich den Weg aufzeigen, der mich zur Entdeckung dieses „offenen" Geheimnisses geführt hat.

Schon bald nach meiner Einweihung in den ersten Grad boten sich mir viele Gelegenheiten, anderen Menschen Reiki zu geben. Ich hatte Reiki nach Mikao Usui gelernt, so wie es in der Reiki Alliance üblich war. Dazu gehörten die Ganzbehandlung und die Kurzbehandlung, das Glattstreichen der Aura mit Energieaufstrich und der einfache sowie der spezielle Chakrenausgleich. Außerdem die verschiedenen Anleitungen zu jeder Technik.

Gelehrt wurde auch, sich vor jeder Behandlung bewusst zu machen, dass man Reiki-Kanal ist, womit man sich immer wieder vor Augen führt, dass nicht man selbst es ist, der heilt, sondern die Spirituelle Lebensenergie: Reiki. Dies schützt davor, sich mit dem Prozess der Heilung zu identifizieren, und unterstützt uns darin, Ego-Profilierungen gar nicht erst aufkommen zu lassen.

Anfangs war ich wirklich unsicher, ob Reiki tatsächlich funktioniert. Und so habe ich bei jeder Behandlung gebetet, dass es meinen Klienten besser gehen möge, und dass Reiki bitte funktionieren solle. Zu meiner großen Überraschung wurde mein Bitten erhört und die Behandelten fühlten sich anschließend sehr viel besser, gleich welche körperlichen oder psychischen Probleme sie zuvor belastet hatten.

Meine Mutter empfahl ihren Freundinnen und Bekannten Reiki – und so durfte ich auch ihnen Reiki geben. Ich legte meine Hände auf ihre Schultern und konnte bald feststellen, dass ich Reiki stärker wahrnahm, wann immer ich betete. Wenn ich dann auch noch tief in den Bauch atmete, spürte ich, dass beim Ausatmen ein besonders starker Schwall von Energie aus meinen Händen strömte.

Das berührte mich sehr, und ich berichtete meiner Reiki-Meisterin von diesen Erlebnissen und fragte sie um Rat. Sie zeigte sich nicht sehr offen für meine Entdeckungen, sprach sich sogar dagegen aus, Reiki mit Atmung und Beten zu kombinieren, da das nicht traditionell sei.

Enttäuscht und nachdenklich ging ich nach Hause. Ich war mir so sicher über die Wirkung. Ich hatte doch so gute Erfahrungen gemacht! Außerdem fragte ich mich, warum meine Meisterin es nicht wenigstens einmal ausprobiert hatte. Einen Versuch wäre es doch wert gewesen.

Bei einem der folgenden Reiki-Treffen wurde ich von Meisterschülern darauf angesprochen, dass aus meinen Händen sehr viel Reiki strömt. Die Kraft sei ebenso stark wie bei einigen ihnen bekannten Reiki-Meistern. Andererseits meinten sie, dass eine solche Power eigentlich gar nicht möglich sei, da ich noch Anfänger war. Ich selbst hatte bislang keinerlei Vergleiche ziehen können und erfuhr im Gespräch, dass der Reiki-Kraftfluss zunimmt, wenn intensiver und länger mit Reiki gearbeitet wird.

Dass spezielle Techniken den Kraftfluss von Reiki verstärken könnten, stand nicht zur Diskussion. Das gehörte nicht zur Tradition und außerdem sei für die Kraftverstärkung das Kraftverstärkungssymbol zuständig. Und trotzdem, ich hatte gespürt, dass sich die Kraft auch ohne das CR-Symbol verstärken ließ.

Wie dem auch sei, aufgrund meiner positiven Erfahrungen beschloss ich als damaliger Reiki-Praktizierender des ersten Grades, diese in meinem Reiki-Zirkel unbekannten Techniken im Verborgenen und Geheimen weiterhin zu praktizieren und Erfahrungen damit zu sammeln – ohne große Worte darüber zu verlieren.

Durch meine Aufenthalte und Forschungen in Japan und besonders durch das Kennenlernen von Rainbow Reiki kamen dann noch weitere Möglichkeiten zur Kraftverstärkung des Reiki-Flusses hinzu. Außerdem stellte sich durch Frank Arjava Petters Forschungen über *Byôsen* heraus, dass einiges an diesen geheimen Methoden höchst traditionell ist, weil Usui Sensei zu seiner Zeit bereits in ganz ähnlicher Weise geheilt hatte. Dies wurde jedoch von Hawayo Takata im Westen anscheinend nicht gelehrt.

Rainbow Reiki wird manchmal für ein anderes Reiki bzw. eine andere Energie gehalten. Das ist jedoch nicht so. Rainbow Reiki ist eine kreative Weiterentwicklung des traditionellen

Usui-Reiki. Walter Lübeck, der Gründer des Rainbow Reiki, hat sowohl das traditionelle Usui-Reiki der Takata-Linie bis zum Meistergrad als auch das Japanische Reiki der Yamaguchi-Linie bis zum Grad des Shihan-kaku (Assistenzlehrer) erlernt. Ein besonderes Merkmal des Rainbow Reiki, wie auch der in diesem Buch vorgestellten Übungen, ist die gezielte Anwendung von Reiki. Wir lassen uns tief auf die spirituelle Lebenskraft ein, um das Optimum für die spirtiuelle Heilung und Persönlichkeitsentwicklung auszuschöpfen.

Mit Rainbow Reiki haben wir gelernt, wie man verschiedene gute Bausteine so verknüpfen kann, dass sich daraus etwas noch Besseres oder sogar etwas völlig Neues entwickelt. Das ist eine der schamanischen Komponenten des Rainbow Reiki. Nachdem man genügend die Basis geübt und gemeistert hat, kann man selbst beginnen, kreativ zu arbeiten, und lernt, zur rechten Zeit am rechten Ort zu sein und dabei die Führung von oben zu erhalten, das Richtige zu tun.

Die sieben geheimen Reiki-Techniken sind auch deshalb so wirkungsvoll, weil sie alle aufeinander aufbauen und nach und nach miteinander kombiniert werden. In ihnen sind die besten Komponenten des Rainbow Reiki und der japanischen Reiki-Techniken miteinander verknüpft. Junghee und ich haben diese Geheimtechniken im Laufe der Jahre erweitert und verfeinert. Heute sind sie Bestandteil unserer Seminare und wir berichten regelmäßig in einem Newsletter über sie, so dass auch Einsteiger in Reiki gleich von Anfang an viel spüren können und großartige Ergebnisse erzielen. In welchem Maße das geschieht, liegt in Ihrer Hand.

Mark Hosak

Vorwort

Sobald die spirituelle Lebensenergie durch uns fließt, sind wir in der Lage, die Selbstheilungskräfte in uns und anderen zu stärken. Manchmal kommt es dabei zu Ergebnissen, die an Wunderheilung erinnern, wie es sonst kaum vorstellbar ist. Voraussetzung dafür sind die vier traditionellen Einweihungen in die Reiki-Kraft und die Ausbildung in der geschickten Anwendung dieser spirituellen Lebensenergie.

Jeder kann diese hohe Kunst verwirklichen. Durch die Einweihungen in Reiki und die gründliche Ausbildung werden die natürlichen Talente des Heilens geweckt und können auf eine Weise ausgelebt werden, wie es zum höchsten Besten aller Beteiligten ist.

Schon der erste Reiki-Grad macht ganz fantastische Dinge möglich. Leider weiß nicht jeder, wie, weil oft angenommen wird, dass so etwas erst mit dem zweiten oder gar dem Meistergrad möglich wird. Mit den höheren Graden sind andere fantastische Dinge möglich; eine Fortbildung zur Erweiterung der Möglichkeiten ist also auf jeden Fall eine lohnenswerte Sache.

Manchmal sieht man Werbung für höhere Grade damit locken, durch sie könnten die Schüler mehr Reiki-Kraft bekommen. Dies ist jedoch nicht so. Vielmehr entsteht die Steigerung der Reiki-Kraft durch regelmäßiges Anwenden und Spüren von Reiki durch Handauflegen einerseits und durch gezielte Ausbildung im Umgang mit der Reiki-Kraft andererseits. Gerade deswegen spielt neben den Einweihungen in Reiki die intensive und fachgerechte Grundausbildung eine wichtige Rolle, denn nur in der Kombination aus beidem in einem sinnvollen Maße kann man gleich von Beginn das Optimum aus dem, was man hat, herausholen.

Möglicherweise mangelt es bei solchen Werbekampagnen einfach an besserem Wissen. Die versprochene Kraftverstärkung ist bereits mit dem ersten Grad Reiki möglich. Der zweite Grad und der Meistergrad sind für anderes gedacht, was sich sehr wohl zu einem späteren Zeitpunkt zu lernen lohnt. Die Kraftverstärkung ist nur ein kleiner Bestandteil der Möglichkeiten des im zweiten Grad gelehrten CR-Symbols, und der Meistergrad ist besonders für die Menschen gedacht, die Reiki als ihren Weg erkannt haben und es auch lehren wollen.

Aus Leidenschaft für Reiki und mit viel Offenheit für Neues konnten wir unsere Kreativität entfalten und die in diesem Buch vorgestellten wunderschönen Kraftverstärkungsübungen entwickelen, die jeder, der in den ersten Grad eingeweiht ist, direkt ausprobieren und erfolgreich anwenden kann.

Das CR-Symbol des zweiten Grades, auch unter dem Namen Kraftverstärkungssymbol oder erstes Symbol bekannt, verstärkt zwar das am Ziel ankommende Reiki, der eigene Kraftfluss wird dabei aber nur indirekt verstärkt, weil mehr Reiki vom Klienten eingezogen wird. So sind die Anwendung des Symbols und die Verstärkung des Kraftflusses in den eigenen Händen zwei verschiedene Dinge. Doch je stärker der Kraftfluss in den Händen ist, desto mehr Reiki kommt auch über das CR-Symbol in den Bereich, wo es angewandt wird. So entsteht zwischen beiden Varianten ein Synergieeffekt.

Die ab dem zweiten Grad gelehrten Symbole sind Werkzeuge, um Reiki gezielt einzusetzen, so wie ein Chirurg seine Werkzeuge braucht, um vernünftig operieren zu können. Neben den Werkzeugen ist es mindestens genauso wichtig, sein Handwerk richtig zu lernen. Auch Reiki ist ein Handwerk, denn es wird ja in ganz besonderem Maße mit den Händen ge-hand-werkt.

Um den eigenen Fluss der Reiki-Kraft zu stärken, braucht man keinen zweiten Grad in Reiki. Mit den sieben geheimen Reiki-Techniken ist das schon ab dem ersten Grad möglich.

Neben der Verstärkung des Kraftflusses und der damit einhergehenden höheren Heilwirkung gibt es noch weiteren Nutzen. Wenig feinfühlige Menschen werden durch die Anwendung der sieben Reiki-Geheimtechniken die Fähigkeit entwickeln, stärker wahrzunehmen, was sich bei den Behandlungen tut. Feinfühlige Menschen entwickeln ihre Hände so, als hätten sie Augen darin, mit denen sie vieles sehen, was sonst kaum wahrnehmbar ist. Das geht über die reine Energiewahrnehmung weit hinaus. Man kann dann über die Hände sehr gut spüren, wo es ein Problem gibt. Man lernt verschiedene Energien unterscheiden, um sehr gezielt behandeln zu können. Es ist auch möglich, die sich herausbildenden Wahrnehmungsebenen für die Lebensberatung einzusetzen.

Mit Reiki ist viel mehr möglich, als allgemein bekannt ist. Die sieben Reiki-Geheimtechniken geben jedem Reiki-Freund und auch allen, die das Behandeln mit Reiki schon aufgegeben hatten, neuen Mut, Kraft und Begeisterung. Das ist die Voraussetzung, damit die Heilkraft des Reiki an die nächste Generation weitergegeben werden kann, so wie es der Wunsch von Usui Sensei war, dem Gründer dieses Heilungssystem. Auf seinem Grabstein steht es geschrieben – er wünschte sich viele Helfer, um Reiki in der ganzen Welt zu verbreiten. Dazu wollen wir unseren Beitrag leisten.

Junghee Jang

Das *Kaji*-Ritual
(Kaji-hô)

1

加持法

Die erste Reiki-Geheimtechnik:

Das *Kaji*-Ritual
(*Kaji-hô* 加持法)

Das *Kaji*-Ritual hilft Ihnen, sich auf Reiki einzustimmen. Durch das rituelle Einladen von *Dainichi Nyorai*, dem großen Sonnenbuddha (der Quelle des Reiki), können Sie die Reiki-Kraft und die Wahrnehmung in Ihren Händen erheblich verstärken. Neben Reiki öffnet sich mit Hilfe dieses einfachen Rituals ein weiterer spiritueller Kraftfluss namens *Kaji*.

Kaji-Ritual

- ॐ Legen Sie die Hände x-förmig übereinander auf Ihr Herz und halten Sie Ihre Aufmerksamkeit dort. (Bild 1)
- ॐ Sagen oder denken Sie nun: „Ich bitte darum, Reiki-Kanal sein zu dürfen. Ich bitte um Heilung für dieses Wesen auf allen Ebenen. Lieber Dainichi Nyorai, ich bitte um deine Weisheit und Kraft durch mich." Dabei ist es wichtig, dass dieses Bitten wahrlich vom Herzen kommt, dass es Ihr innigster Wunsch ist, einen Beitrag zu leisten, damit dieses Wesen Heilung erfahren kann.
- ॐ Spüren Sie in sich hinein, wie sich Ihre Wahrnehmung verändert. Die meisten Menschen spüren nun bereits den Segen von Dainichi Nyorai, dem Lichtwesen, von dem die Reiki-Kraft kommt. Wie man das genau wahrnimmt, ist von Person zu Person sehr verschieden. Manche empfinden eine wohlige Wärme im Herzen und andere eine Art Energie um ihren Kopf, wieder andere sehen Farben und Formen mit dem inneren Auge.
- ॐ Genießen Sie diese Empfindung für einige Sekunden und verbeugen Sie sich dann. (Bild 2)
- ॐ Beginnen Sie nun wie gewohnt die eigentliche Reiki-Behandlung. (Bild 3)
- ॐ Legen Sie zum Ende der Behandlung die Hände wieder auf Ihr Herz und denken oder sagen Sie: „Ich danke dafür, Reiki-Kanal sein zu dürfen. Ich danke für diese Heilung. Lieber Dainichi Nyorai, bitte segne uns alle jetzt."
- ॐ Warten Sie ein wenig, spüren Sie den Segen und verbeugen Sie sich dann zum Abschluss.

Sollten Sie dieses kleine Ritual einmal vergessen haben, können Sie es auch während der Behandlung nachholen, ohne die Hände vom Körper Ihres Klienten zu nehmen. Unserer Erfahrung nach ist das jedoch nicht so wirkungsvoll, als wenn man sich vor der Behandlung

DAS KAJI-RITUAL

加持法

1

2

3

– 13 –

die Zeit für das Ritual nimmt, unter anderem weil die Erweiterung der Wahrnehmung ganz fantastisch ist und einem beim Behandeln sehr hilft.

Variante des Kaji-Rituals mit Gassho

Statt die Hände x-förmig auf Ihr Herz zu legen, können Sie auch eine Gasshô-Variante machen, indem Sie die Hände wie bei der Reiki-Einweihung vor dem Herzen halten.

Je öfter Sie diese erste Reiki-Geheimtechnik anwenden, desto stärker werden Reiki-Kraft und feinstoffliche Wahrnehmung. Das wird dadurch befördert, dass Sie bei diesem Ritual jedes Mal Ihre Aufmerksamkeit auf die spirituelle Welt richten und sie um Hilfe bitten und ihr danken, weil der Kraftfluss sofort da ist und immer spürbarer wird. Mit dem ersten Satz des kurzen Gebets zur Einstimmung vor einer Reiki-Behandlung („Ich bitte darum, Reiki-Kanal sein zu dürfen.") rufen Sie die Reiki-Kraft und zeigen Ihre Bereitschaft, sich als Reiki-Kanal durchlässig zu machen, um das Beste für Ihren Klienten zu bewirken. Mit dem zweiten Satz („Ich bitte um Heilung für dieses Wesen auf allen Ebenen.") wird *Kaji* aktiviert und mit dem dritten („Lieber Dainichi Nyorai, ich bitte um deine Weisheit und Kraft durch mich.") *Shinki*. Auf diese beiden japanischen Fachbegriffe wollen wir im Folgenden genauer eingehen.

Was ist *Kaji* (加持)?

Neben dem normalen Reiki-Kraftfluss geht mit Hilfe dieses Rituals ein weiterer spiritueller Kraftfluss auf, den man in Japan *Kaji* nennt. Kaji entsteht immer dann, wenn man etwas im spirituellen Sinne Vernünftiges tut und etwas Göttliches miteinbezieht. Dann bekommt man von einem Lichtwesen Unterstützung in Form von Weisheit und Kraft und wird so befähigt, mehr von diesen sinnvollen Dingen zu tun.

Kaji entsteht immer durch freie Entscheidung auf der Basis des freien Willens. Wenn eine Entscheidung durch Angst oder Gier herbeigeführt ist, entspricht das nicht dem freien Willen. Daher ist es so wichtig, dass der Wunsch nach „Heilung für dieses Wesen" von Herzen kommt, denn nur die Liebe ist ein Zeichen des freien Willens in der Sprache der Lichtwesen. Je mehr ein Mensch in die Liebe kommt, desto mehr kann fließen. Außerdem entsteht dadurch von ganz alleine der energetische Schutz, den sich viele so sehr wünschen.

Reiki und Kaji wirken gemeinsam enorm verstärkend. Dieses kleine Ritual kann dafür sorgen, dass Ihre Klienten Sie nur für kurze Zeit als Behandler brauchen. Es ermöglicht Dinge, die sonst nur schwer in so kurzer Zeit erreichbar sind. Das gilt natürlich auch für die anderen geheimen Reiki-Techniken.

Usui Sensei nahm ebenfalls auf Kaji Bezug, als er sagte, dass die körperliche Heilung zwar wichtig sei, der Mensch aber mit der Zeit aufblühe, in seine Kraft und in seine Mitte komme, weil Kaji stattfindet. Wie könnte das einfacher geschehen als mit der Hilfe eines Lichtwesens?

Was ist *Shinki* (神気)?

Dadurch, dass man schließlich den dritten Satz („Lieber Dainichi Nyorai, ich bitte um deine Weisheit und Kraft durch mich.") im Rahmen dieses Rituals anwendet, kommt zu Reiki und Kaji noch eine weitere Form der Heilung hinzu. Man könnte nun annehmen, dass *Shinki* neben Reiki und Kaji eine weitere Form der Heilung sei. Während Kaji eher das Entstehen des Kraftflusses bezeichnet, geht es bei Shinki um die Erweiterung der Fähigkeiten mit Hilfe eines Lichtwesen, weil dieses Lichtwesen in Behandler und Empfänger kommt, um in ihnen zu wirken. So kann es passieren, dass man für die Zeit der Behandlung neue Fähigkeiten und Heilkräfte bekommt, die die Heilung zusätzlich unterstützen. Ist man sich dieses Prozesses bewusst, kann man diese Fähigkeiten später wie eine Technik verwenden. Viele Rainbow Reiki-Techniken und einige der Geheimtechniken sind auf diese Weise entstanden.

Im japanischen Lexikon wird Shinki als die „alle wunderbaren Dinge hervorbringende Kraft der Lichtwesen" beschrieben, wobei hier anzumerken ist, dass der Begriff Lichtwesen über Reiki definiert wird, also dass „Lichtwesen" eine weitere Übersetzungsmöglichkeit für

Reiki darstellt.[1] Neben „Spiritueller Lebensenergie" ist in Japan mit Reiki immer auch die mystische Aura bzw. Atmosphäre eines anwesenden Lichtwesens gemeint.

Wenn Shinki in einem Menschen stattfindet, kommt es zu einer besonderen Form des Channelings, wobei es hier weniger um das Channeln von Informationen eines Lichtwesens durch einen Menschen geht als vielmehr um Heilkraft und Heil-Fähigkeiten im Rahmen der folgenden Behandlung.

Jede Reiki-Behandlung ist eine Form des Channellings. Jeder, der in Reiki eingeweiht ist, ist Kanal für Reiki. Das englische Wort für Kanal ist „channel". Beim Geben von Reiki findet immer eine spezielle Form des Channelns (Kanalisierens) der spirituellen Lebensenergie des Lichtwesens Dainichi Nyorai statt. Diese Form der Energieübertragung findet also immer statt. Mit Shinki kommt noch hinzu, dass das Lichtwesen Dainichi Nyorai zusätzlich darum gebeten wird, aktiv durch den Behandler zu wirken. Daher ist es mehr als nur Energie.

Im Rainbow Reiki spielt Shinki ab dem zweiten Grad eine immer bedeutendere Rolle, weil wir dort über die schamanischen Aspekte lehren, wie man Shinki eines jeden beliebigen Lichtwesens wie etwa Elfen, Devas, Feen, Engel, Buddhas, Bodhisattvas usw. im Rahmen von Reiki-Behandlungen einbinden kann. Dann fließt also Reiki und man wird während der Behandlung mit Hilfe eines Lichtwesens zusätzlich in die Lage versetzt, Dinge zu sehen, die man sonst nicht sieht (Weisheit), so dass man auf eine Weise behandeln kann, die weit über das übliche Maß hinausgeht (Kraft).

Die Wellenbewegung des Energieflusses

Das Kaji-Ritual dient der grundsätzlichen Vorbereitung auf eine Reiki-Behandlung. Wir empfehlen Ihnen, es zu einem festen Bestandteil Ihrer Praxis zu machen. Bevor wir mit der Beschreibung der weiterführenden Geheimtechniken fortfahren, möchten wir Ihnen noch einige allgemeine Informationen mit auf den Weg geben zu dem, was während einer Behandlung geschieht.

Die in diesem Buch vorgestellten Reiki-Geheimtechniken werden Ihnen auch helfen, ein Gefühl dafür zu entwickeln, was in einer Behandlung gerade richtig und sinnvoll ist, z.B. wie lange Sie an einer Position verweilen sollten. Grundsätzlich wird Reiki vom Empfänger in der Menge eingezogen, wie er es braucht. Das bedeutet, wenn Sie die Hände auf einer Position auflegen, steigt die Menge an eingezogener Energie zunächst, dann bleibt sie eine Weile stark und flacht schließlich wieder ab. Die Wahrnehmung davon erscheint wie eine Welle. Wird viel Reiki eingezogen, dauert es entsprechend länger, bis die Welle wieder abflacht. Das Bild der Wellenbewegung hilft auch gegenüber Reiki-Neulingen oder Skeptikern zu veranschaulichen, wie die spirituelle Lebensenergie wirkt.

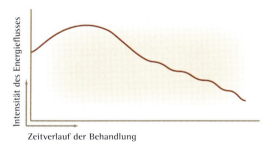
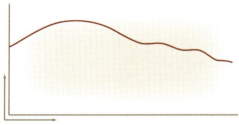

Intensität des Energieflusses

Zeitverlauf der Behandlung

Auch wenn jemand in dem behandelten Körperbereich gesund ist – eine Welle gibt es trotzdem immer. Braucht der Mensch dort viel Reiki, ist die Welle höher und länger. Ist ein Bereich jedoch blockiert, kann es sich so anfühlen, als würde dort wenig oder gar kein Reiki gebraucht, weil kaum Energie eingezogen wird. Oft fühlt sich ein solcher Bereich so an, als läge dort drinnen ein kaltes Stück Metall. Ein blockierter Bereich ist immer ein Bereich, der zwar viel Reiki braucht, aus unterschiedlichen Gründen jedoch kein Reiki einziehen kann.

Mit den Reiki-Geheimtechniken und der meditativen Einstimmung des Kaji-Rituals werden Sie schnell lernen, diese Bereiche wahrzunehmen. Außerdem können Sie die Techniken dazu verwenden, einer solchen blockierten Körperstelle zu helfen, trotz des anfänglichen Widerstandes Reiki einziehen zu können. Haben Sie diese Schwelle einmal überschritten, wollen sich die Hände gar nicht mehr von dieser Stelle lösen.

Besonders bei Krebs ist das häufig der Fall. Mark hat einmal eine Frau mit Brustkrebs behandelt. Der Tumor, der die Größe eines Hühnereis hatte, erschien unter seinen Reiki-Händen zunächst kalt und abweisend. Nach etwa 20 Minuten fing er an, sehr stark Reiki einzuziehen. Nach etwa achtstündiger Behandlung (fast ohne Unterbrechung) war der Tumor um die Hälfte geschrumpft. Nach zwei Wochen mit täglicher mehrstündiger Behandlung war er nur noch erbsengroß. Ein Dreivierteljahr später trafen wir diese Frau in ihrer Heimat wieder, wo wir dann mit den Reiki-Geheimtechniken den Rest in zwei Tagen komplett und bis auf den heutigen Tag verschwinden lassen konnten. Selbstverständlich hat sie sich vorher und nachher ärztlich untersuchen lassen.

Vielleicht erstaunt es Sie, dass der Tumor überhaupt weggegangen ist. Vielleicht wundern Sie sich aber auch, warum das so lange gedauert hat (16 x 8 Stunden). Aus naturheilkundlicher Sicht braucht ein Mensch, der eine Krankheit etwa ein Jahr lang hat, drei bis sechs Wochen intensiver Behandlungszeit, bis die Krankheit geheilt ist. Bei einer seit zehn Jahren bestehenden Krankheit sind es dann entsprechend 30–60 Wochen intensiver Behandlungszeit.

Mit den Reiki-Geheimtechniken und in Kombination mit anderen nützlichen Methoden – insbesondere auch aus dem Rainbow Reiki – kann man diese Zeitspanne unter Umständen erheblich verkürzen. Wie das obige Beispiel zeigt, spielt es außerdem eine Rolle, wie intensiv in kurzer Zeit behandelt wird.

Heilungs-Hindernisse und -Blockaden

So fantastische Ergebnisse man auch mit Reiki erreichen kann, so kommt es doch immer wieder einmal vor, dass Klienten genau in dem Moment mit der Behandlung aufhören, wo die ersten Früchte sichtbar werden. An dieser Stelle wollen wir Ihnen einige Tipps geben, wie Sie in einer solchen Situation mehr Verständnis entwickeln und entsprechend handeln können.

Die Gründe für den Behandlungsabbruch sind schnell erklärt. Setzt man den rational denkenden Verstand voraus, könnte man annehmen, dass es dann besonders sinnvoll ist, weiterzumachen, wenn man merkt, dass es funktioniert. Da der Mensch aber ein paradoxes Wesen ist, kann sich noch eine andere Kraft in ihm bemerkbar machen: Und die lässt es so aussehen, als hätte er immer dann, wenn eine Behandlung das Beste für seine Gesundheit wäre, gerade keine Zeit oder etwas Besseres zu tun. Ein Teil in diesem Menschen redet ihm die unterschiedlichsten Ausreden ein, warum man sich gerade heute nicht behandeln lassen sollte. Das geht manchmal sogar so weit, dass sich Dinge ereignen, die scheinbar nicht selbst ausgelöst wurden. So wird der Anschein erweckt, als hätte es eben nicht so sein sollen, zur Behandlung oder zum Seminar zu gehen bzw. sich selbst zu behandeln.

Einer unserer besten Meisterschüler hatte sich einige Tage vor seinem ersten Seminar zur Meisterausbildung so schwer an der Schulter verletzt, dass er weder mit dem Auto noch mit dem Zug zu uns kommen konnte. Sein erster Gedanke war: „Vielleicht soll es nicht sein." Sein zweiter Gedanke aber war: „Jetzt erst recht!" So kam er dann zum nächsten Seminar und übt inzwischen seinen Traumberuf als Rainbow Reiki-Meister/Lehrer und Ninjutsu-Lehrer aus.

Solche seltsamen Ereignisse, die wie Fügungen oder Zufälle erscheinen, sind eine Art Sabotage-Programm, das die Heilung oder den Weg zum Glück oder eine Veränderung im Leben verhindern will. Das hängt unter anderem damit zusammen, dass jede Heilung ihren Preis hat. Einerseits ist es wunderbar, gesund zu sein. War derjenige, der vorher krank war, gleichzeitig aber arbeitsunfähig, so muss er nach seiner Heilung irgendwann wieder arbeiten gehen. Und wenn er das nicht will, wird er Wege suchen, weiter krank zu sein. Dies ist natürlich ein extremes Beispiel, Vergleichbares geschieht jedoch auch in anderen Situationen. Vielleicht kennen Sie ja auch jemanden, dem so etwas schon einmal passiert ist. In solchen Fällen ist es angebracht, über die Dinge zu reden und sich die Folgen bewusst zu machen, die daraus erwachsen werden, wenn man seine Krankheit behält.

Die Anwendung der ersten Reiki-Geheimtechnik, des Kaji-Rituals, kann uns auch helfen herauszufinden, was wirklich das Beste für uns in unserem Leben ist.

Geheime Reiki-Atmung
(Reiki-kokyû-hihô)

Die zweite Reiki-Geheimtechnik:

Geheime Reiki-Atmung
(*Reiki-kokyû-hihô* 靈氣呼吸秘法)

Durch glückliche Fügungen sind wir im Rahmen von Behandlungen und unseren Forschungen in alten Texten[2] auf das Kaji-Ritual gestoßen – und auf dieselbe Weise haben wir noch weitere Geheimtechniken entwickelt. Bei der zweiten Reiki-Geheimtechnik geht es darum, den Atem so zu nutzen, dass die Reiki-Kraft enorm verstärkt wird.

Während einer Behandlung gibt es zwei Möglichkeiten: Sie können schweigen oder sich mit Ihrem Klienten unterhalten. Uns fiel mit der Zeit auf, dass wir viel mehr wahrnehmen, wenn wir still und mit unserer Aufmerksamkeit ganz bei der Sache sind. Das soll nicht heißen, dass man nichts wahrnimmt, wenn man sich während einer Sitzung unterhält. Manche Behandlungsformen – wie zum Beispiel eine unserer Lieblingsmethoden, das Advanced Metaphysical Healing – setzen die Kommunikation mit dem Partner sogar voraus. Je nachdem, wie geübt der Behandler ist, kann er auch während einer Unterhaltung enorm viel wahrnehmen. Es kommt auch hier, wie so oft, auf die Übung an.

Tiefes Ein- und Ausatmen während der Behandlung hilft Ihnen, die Aufmerksamkeit auf das Ziel zu lenken. Das tiefe Einatmen hilft, viel Reiki über das Kronenchakra einzuziehen, und das Ausatmen trägt dazu bei, Reiki stark und intensiv in das Gewebe hineinzuschicken. So wird der Reiki-Kanal immer stärker und klarer. Es ist wie beim Segeln: Je mehr man den Wind nutzt, desto weiter kann man segeln. Und wenn man zusätzlich zum bewussten Atmen auch noch die Aufmerksamkeit lenkt, führt dies zu einer weiteren Verstärkung des Reiki-Kraftflusses.

Bauch-Hand-Atmung (*Hara-te kokyû-hô* 腹手呼吸法)

- ॐ Beginnen Sie die Behandlung mit dem Kaji-Ritual. (Bild 1 + 2)
- ॐ Legen Sie die Hände auf die Position, die Sie behandeln möchten.
- ॐ Atmen Sie mit geschlossenem Mund tief und langsam durch die Nase in den Bauch ein. Halten Sie dabei die Aufmerksamkeit in Ihrem Hara und schieben Sie die Bauchdecke nach vorne.
- ॐ Halten Sie inne, indem Sie eine Atempause machen.
- ॐ Atmen Sie mit leicht geöffnetem Mund tief und langsam durch den Mund aus, während Sie nun die Aufmerksamkeit zwischen Ihren Händen und dem Körper Ihres Klienten halten.
- ॐ Halten Sie inne, indem Sie eine Atempause machen.
- ॐ Wiederholen Sie die letzten vier Schritte bis zum Ende der Behandlung.
- ॐ Beenden Sie die Behandlung mit dem Kaji-Ritual.

GEHEIME REIKI-ATMUNG

腹手呼吸法

1

2

– 21 –

Die Bedeutung des Atems

Viele Menschen atmen dauerhaft zu schnell und leiden dadurch beispielsweise unter Müdigkeit, Schlafstörungen und Verdauungsbeschwerden. Durch Stress wird der Atem unregelmäßig und kann so weitere psychosomatische Störungen wie Magenprobleme oder Angst hervorrufen. Durch regelmäßige und tiefe Atmung können solche Probleme behoben werden. Der Atem ist für unsere Gesundheit von essentieller Bedeutung.

Zu schnelles Atmen kann man mit dem zu schnellen Positionswechsel bei Reiki-Behandlungen vergleichen. Tiefes Atmen beruhigt das Gemüt und hilft sowohl dem Empfänger als auch dem Reiki-Gebenden, sich tief auf die Behandlung einzulassen. Oft führt ein Mangel an Ruhe und Gelassenheit dazu, dass der Reiki-Gebende zu schnell die Position wechselt, vielleicht weil ihm die Zeit an einer Position unendlich lang vorkommt. Je mehr man sich auf die Behandlung einlässt, desto schneller vergeht die Zeit – und desto größer ist die Wirkung.

Die Heilungschancen steigen mit der Anwendung der Bauch-Hand-Atmung bei Reiki-Behandlungen. Lenkt man seine Aufmerksamkeit mit der bewussten Atmung, entwickelt man die Fähigkeit zu spüren, wann es wirklich an der Zeit ist, die Position zu wechseln.

Gezielte Reiki-Atemübungen dienen jedoch nicht nur dem bewussten Erleben, sondern fördern auch Ihre Fähigkeit, sich zu entspannen. Durch die Entspannung fällt es Ihnen leichter, sich noch tiefer einzulassen. Aus der Sicht des Behandlers ist das nützlich, weil Sie viel mehr mitbekommen von dem, was passiert und wie es passiert. Aus der Sicht des Empfängers hilft die Entspannung, Reiki besser einziehen zu können. Auch bilden Reiki-Geber und Reiki-Empfänger, wenn beide diese Technik umsetzen, eine Einheit und können mit ein wenig Training telepathisch kommunizieren.

Bauchmassage durch Bauch-Atmung

Wenn Sie richtig tief durch die Nase einatmen, wird die Luft eingezogen, weil Sie die Bauchdecke nach vorne schieben. Für Sie als Behandler hat das neben der Reiki-Kraftverstärkung und der Steigerung Ihrer Wahrnehmunsgfähigkeit noch weitere nützliche Nebeneffekte. Da durch tiefes Atmen in den Bauch die Bauchdecke vor- und zurückbewegt wird, entsteht eine für den Darm wohltuende Bauchmassage.

Manchmal fühlen wir uns unwohl oder sind ärgerlich, ohne die genauen Gründe dafür zu kennen. Durch die Atmung können wir Unbewusstes mit dem Bewusstsein verbinden. Bewusstes Atmen verbessert bei regelmäßiger Anwendung das körperliche und seelische Wohlbefinden. Verdauungsbeschwerden werden gelindert und das Immunsystem angeregt, denn der Darm ist eine Reflexzone dafür.

Experimentieren Sie doch einfach einmal damit, wie es ist, wenn Sie die Bauchdecke nach vorne schieben ohne einzuatmen, nachdem Sie ausgeatmet haben. Sicherlich werden Sie feststellen, dass das nicht möglich ist. Noch deutlicher wird das, wenn Sie sich währenddessen die Nase zuhalten. Dabei entsteht ein Unterdruck, und wenn Sie die Finger lösen, wird automatisch Luft hörbar durch Ihre Nase einströmen.

Durch das Nachvorneschieben des Bauches beim tiefen Atmen und die damit einhergehende Massage entstehen auch die „Bauchredner-Effekte", die Sie vielleicht selbst schon von Ihren Behandlungen kennen. Der eigene Bauch oder der des Empfängers meldet sich lautstark zu Wort.

Menschen, die ihre Atmung wenig geschult haben, ziehen die Luft meist mit der Nase ein, wobei sich unter günstigen Umständen der Bauch nach vorne schiebt. In den meisten Fällen bleibt die Luft im oberen Bereich der Brust hängen. Dadurch geht ein großes Potential verloren.

Das Steuern von Ki mit der bewussten Lenkung der Aufmerksamkeit

Mit der Bauch-Hand-Atmung sammelt sich beim Einatmen viel Lebensenergie im Hara an. Beim Ausatmen wird die Energie verstärkt in den Bereich geleitet, wo die Hände aufliegen. Die Ausrichtung der Aufmerksamkeit auf den Bauch beim Einatmen und auf die Hände beim Ausatmen lenkt und fokussiert die Reiki-Kraft auf einen Punkt. Denn immer da, wo die Aufmerksamkeit ist, fließt auch die Energie hin. So können Sie über den Atem Reiki in verschiedene Bereiche des Körpers und auch aus dem Körper heraus lenken. Durch die Einweihung in Reiki sind Sie zudem davor geschützt, eigene Lebensenergien abzugeben. Das ist sehr nützlich, weil man sich sonst sehr schnell erschöpfen würde.

Je öfter Sie Reiki geben, desto stärker wird die Reiki-Kraft in den Händen. Das größte und einfachste Geheimnis der Reiki-Kraftverstärkung liegt im Reiki-Geben selbst. Und durch die gezielte Verstärkung und Lenkung der Reiki-Kraft wird die Freude an Reiki nochmals stärker.

Der Bewusstwerdungsprozess, wie das eigentlich geschieht, spielt zur eigenen Motivationssteigerung und um erklären zu können, wie Reiki funktioniert, eine entscheidende Rolle. Durch die Bewusstheit wird die Heilungschance erheblich erhöht.

Durch bewusstes Atmen können Sie lernen, Reiki in jeden Bereich des Körpers zu lenken. Das beginnt an den Stellen, wo Reiki in den Körper kommt. Reiki kann über weit mehr Bereiche in den Körper gelangen als nur über das Kronenchakra, zum Beispiel durch Ohren, Finger oder Knie. Und bis zu einem gewissen Grad ist es lenkbar, wo Reiki im Körper entlangfließt. Das hängt nämlich ganz davon ab, wo man Reiki aus dem eigenen Körper ausströmen lässt. Mit Ihrer Aufmerksamkeit können Sie den Energiefluss lenken. Diese Lenkung der Aufmerksamkeit fördert die Regeneration, Entspannung, Vitalität und Heilung der jeweiligen Körperstelle, je nachdem, worauf Sie gerade hauptsächlich abzielen. So ist es also möglich, Reiki einzuatmen und über weitaus mehr Bereiche abzugeben als nur über die Hände. Durch die Hände fließt es, sobald Sie eingeweiht sind.

Wie man Reiki aus anderen Bereichen des Körpers geben kann

Reiki wandert auf eigenen Energiebahnen durch den ganzen Körper und kommt dabei am Stirnchakra, Herzchakra und Hara vorbei. Aus den Händen und Füßen geht es dann wieder aus dem Körper hinaus. Durch besonderes Training ist es möglich, Reiki aus jeder Körperendung, wo sich ein Chakra befindet, hinausfließen zu lassen. Auf einer noch höheren Stufe können Sie das auch aus jedem Chakra überhaupt machen, womit wir wieder bei den Geheimtechniken sind. Hier folgt eine fortgeschrittene Variante der bewussten Reiki-Atmung, die nach und nach die bewusste Lenkung des Reiki-Kraftflusses aus jeder Körperendung und jedem Chakra heraus möglich macht.

Reiki-Atmung für Fortgeschrittene

- ॐ Beginnen Sie die Behandlung/Meditation mit dem Kaji-Ritual.
- ॐ Legen Sie Ihre Hände auf die Position, die Sie behandeln möchten.
- ॐ Atmen Sie mit geschlossenem Mund durch die Nase tief und langsam in den Bauch ein.
- ॐ Richten Sie währenddessen die Aufmerksamkeit beim Einatmen auf Ihr siebtes Chakra (über dem Scheitel) und spüren Sie, wie mit dem Einatmen dort die Reiki-Kraft in Sie einströmt.
- ॐ Halten Sie inne, indem Sie eine Atempause machen, solange es für Sie bequem ist. Richten Sie währenddessen Ihre Aufmerksamkeit einmal kurz auf Ihr Herz und einmal kurz auf Ihr Hara.
- ॐ Atmen Sie mit leicht geöffnetem Mund tief und langsam aus, während Sie die Aufmerksamkeit auf Ihre Hände richten. Spüren Sie, wie die Reiki-Kraft dort herauskommt.
- ॐ Richten Sie die Aufmerksamkeit wieder auf Ihr Kronenchakra und wiederholen Sie diese Atmung bis zum Ende der Behandlung/Meditation.
- ॐ Beenden Sie die Behandlung/Meditation mit dem Kaji-Ritual.

Sobald Sie diese Übung flüssig beherrschen, dürfte sich Ihre Wahrnehmung und der Reiki-Kraftfluss aus Ihren Händen schon erheblich gesteigert haben. Wenn Sie nun noch einen Schritt weitergehen möchten, um zu lernen, wie Sie mit allen anderen Körperendungen und den Chakras Reiki geben können, probieren Sie es einmal mit der folgenden dritten Variante der geheimen Reiki-Atmung.

Energie aus dem Himmel einatmen

- ॐ Beginnen Sie die Meditation mit dem Kaji-Ritual.
- ॐ Richten Sie die Aufmerksamkeit auf Ihre Hände. Die Handflächen zeigen nach oben Richtung Himmel, atmen Sie darüber die Reiki-Kraft ein. **(Bild 1)**
- ॐ Halten Sie inne, indem Sie eine Atempause machen, solange es für Sie bequem ist. Richten Sie währenddessen die Aufmerksamkeit einmal kurz auf Ihr Herz und einmal kurz auf Ihr Hara.
- ॐ Atmen Sie mit leicht geöffnetem Mund tief und langsam aus, während Sie die Aufmerksamkeit auf Ihre Füße richten und Ihre Arme langsam senken. Spüren Sie, wie die Reiki-Kraft von dort in die Erde strömt. **(Bild 2 + 3)**
- ॐ Wiederholen Sie dies, solange Sie wünschen.
- ॐ Beenden Sie die Meditation mit dem Kaji-Ritual.

Diese Übung hilft Ihnen, zwischen den einzelnen Körperteilen und den Chakras mit Ihrer Aufmerksamkeit hin- und herzuschalten. Sie können die gleiche Übung selbstverständlich auch mit anderen Körperbereichen ausprobieren, wie etwa mit den Augen.

Die oben beschriebene Variante hilft Ihnen, sich zu erden und Ihre Wurzeln wahrzunehmen. Sie gibt Ihnen Standfestigkeit im Leben, wie ein Fels werden Sie in der Brandung stehen. Besonders spannend ist es, diese Übung einmal barfuß in der Natur im Wald oder auf einer Wiese auszuprobieren.

Ein interessantes Experiment ist es auch, wenn derjenige, der von Ihnen Reiki bekommt, während der Behandlung die gleiche geheime Reiki-Atemtechnik wie Sie anwendet. Dadurch wird die Reiki-Kraft nochmals verstärkt und Sie beide haben die Möglichkeit, einiges klarer zu sehen und das Gefühl zu genießen, wieder in Ihre Kraft zu kommen.

Leiten Sie dafür Ihren Klienten so an, dass er beim Einatmen seine Aufmerksamkeit auf Ihre Hände richtet, die seinen Körper berühren, und beim Ausatmen auf sein eigenes Hara. Mit den Techniken im Kapitel über Visualisation können Sie die Wirkung noch zusätzlich verstärken.

Diese Technik ist besonders dann nützlich, wenn Ihr Klient Angst vor Veränderung hat. Die Hara-Atmung als Reiki-Empfänger bringt ihn in seine Mitte und in seine Kraft. Damit wird die natürliche Abgrenzungsfähigkeit des dritten Chakras gestärkt sowie die Fähigkeit zur Selbstliebe und der Wunsch auf Heilung unterstützt.

Schließlich haben wir noch eine ganz besonders schöne Übung für Sie, wunderbar geeignet, um eine innige, spirituelle Verbindung zwischen zwei Menschen herzustellen. Auch bei dieser Reiki-Tantra-Partnerübung wird die geheime Reiki-Atmung genutzt.

Reiki-Tantra-Partnerübung

- ॐ Beginnen Sie die Reiki-Tantra-Partnerübung, indem Sie beide das Kaji-Ritual durchführen. **(Bild 1 + 2)**
- ॐ Stellen Sie sich so voreinander, dass sich Ihre Handflächen ohne Anstrengung berühren. **(Bild 3)**
- ॐ Atmen Sie ein über das Kronenchakra. Halten Sie dort Ihre Aufmerksamkeit.
- ॐ Halten Sie kurz inne und spüren Sie Ihr Herz.
- ॐ Atmen Sie aus über Ihre Hände, indem Sie Ihre Aufmerksamkeit dort halten.
- ॐ Schauen Sie sich dabei die ganze Zeit liebevoll in die Augen.
- ॐ Beenden Sie die Reiki-Tantra-Partnerübung mit dem Kaji-Ritual.

Lebensenergie aus der Umgebung

Selbstverständlich wird mit der Atmung nicht nur Reiki bewegt, sondern auch Sauerstoff, den wir einatmen, und Kohlendioxid, das wir ausatmen. Je langsamer und tiefer wir in den Bauch atmen, desto mehr Sauerstoff kann über die Lungen in den Organismus aufgenommen werden. In der Luft, die wir einatmen, ist bereits Lebensenergie enthalten. Diese Form der Lebensenergie ist nicht Reiki, sondern Kûki (空気; wörtl.: Lebensenergie der Luft). Über die Lunge wird beim Einatmen die in der Luft vorhandene Lebensenergie ins Blut gegeben und von dort in den gesamten Organismus verteilt. Beim Ausatmen wird das Kohlendioxid vom Blut über die Lungen in die Umwelt gegeben. So findet mit dem Ein- und Ausatmen ein lebensfördernder Austausch mit der Natur statt. Die Natur schenkt dem Menschen frische Luft, als einen Teil der Seele der Erde, die Botschaft der Heilung und der Liebe.

Als Eingeweihter in Reiki wird über die Hände nur Reiki übertragen. *Kûki* bleibt im Körper, was auf den Reiki-Gebenden weitere vitalisierende Wirkungen hat. Menschen, die nicht in Reiki eingeweiht sind, können mit entsprechendem Training ebenfalls heilende Lebensenergie über die Hände abgeben, laufen aber Gefahr, sich durch die gleichzeitige Abgabe eigener Lebensenergien zu erschöpfen, was für den Behandler unangenehme Folgen haben kann. Die Wahrscheinlichkeit, eigene Energien abzugeben, ist sehr hoch, da meistens nicht genügend Atem- und Hara-Arbeit praktiziert wird, um für den Klienten ausreichend Lebensenergie im Hara bereitstellen zu können. Außerdem muss man vor der Behandlung immer entsprechende Energieansammlungsübungen machen und kann erst dann behandeln.

Für den Klienten ist es auch nicht unbedingt zuträglich, irgendwelche Lebensenergien zu empfangen, da es passieren kann, dass der Heiler nicht nur eigene Energien abgibt, sondern eventuell auch Fremdenergien durch sich leitet, möglicherweise ohne es zu bemerken. Und nicht jede gechannelte Energieform bringt wirklich Heilung.

Das ist einer der Hauptgründe, warum Usui Sensei sich auf die Suche nach Reiki begeben hat. Man kann beispielsweise beobachten, dass Masseure, die in Reiki eingeweiht sind, wesentlich mehr Ausdauer haben als jene, die keine Reiki-Einweihung genossen haben. In jedem Heil- und Wellnessberuf, wo mit Körper, Geist und Seele gearbeitet wird, kommt es häufig zu Erschöpfungszuständen, weil zu viele eigene Energien abgegeben werden und man deshalb nach einer Behandlung ganz ausgelaugt ist.

Bei der geheimen Reiki-Atmung kommt es zu einer Erweiterung der Wahrnehmung und des Bewusstseins. Je bewusster wir atmen, desto bewusster gehen wir durchs Leben und umso mehr Freude macht sich breit, weil genügend Energie da ist.

Bei der Atempause geht es nicht darum, zwanghaft den Atem anzuhalten. Wichtig ist das bewusste und gleichzeitig absichtslose Innehalten zwischen den einzelnen Atemzügen. Die Atempause nach dem Einatmen hilft der Energie, sich im Hara besser zu sammeln, damit sie dann in die richtigen Bahnen gelenkt werden kann.

Die Atempause nach dem Ausatmen hilft, zum Ursprung zurückzukehren. Es ist wie das Genießen eines guten Tropfens, z. B. von grünem Tee, der noch einen Moment im Mund nachwirkt, bevor man die Tasse erneut zum Mund hebt.

Reiki-Atmung und das Innere Kind

Die spirituelle Lebensenergie Reiki kommt im Unterschied zu Kûki über das Kronenchakra in den Menschen und nicht über den Atem. Mit der Geheimtechnik der Bauch-Hand-Atmung wird noch mehr Energie über das Kronenchakra eingezogen, damit auch noch mehr Energie über die Hände weitergegeben werden kann. Das Unterbewusstsein, das Innere Kind, welches für die außersinnliche Wahrnehmung und außersinnliche Handlungsfähigkeit (auch das Bewegen von Energien) zuständig ist, macht diese wunderbaren Dinge möglich. Dem bewussten Geist mag es paradox erscheinen, dass man mit der Atmung mehr Lebensenergie über das Kronenchakra in sich leiten kann. Das sieht das Innere Kind jedoch anders, weil es die Welt aus einer anderen als der rational nachvollziehbaren Perspektive wahrnimmt. Das Innere Kind ist der Teil in uns, der unser Herz schlagen lässt, ohne dass wir genau wissen müssen, wie das eigentlich funktioniert. Das Innere Kind ist auch der Teil in uns, der uns atmen lässt, ohne dass wir bewusst etwas dazu tun brauchen.

Helfen wir dem Inneren Kind durch bewussten, eigenverantwortlichen und liebevollen Umgang, kann es diese Aufgabe noch besser erfüllen. Irgendwann haben wir diese Form der bewussten Atmung so verinnerlicht, dass das Innere Kind es von alleine tut, ohne dass wir bewusst etwas dazu beitragen brauchen. Derart fantastische Dinge kann unser Inneres Kind vollbringen. Zu diesem Zeitpunkt wird aus der geheimen Reiki-Technik dann eine geheime und dauerhafte Fähigkeit.

Die geheime Reiki-Atmung mit Usui Senseis Lebensregeln

Durch die bewusste Atmung ins Hara tun Sie sich selbst und Ihrem Klienten etwas Gutes. Die Behandlung wird mehr und mehr zu einer Meditation. Die Gedanken beruhigen sich. Beobachten Sie einmal Ihr eigenes Leben: Wie atmen Sie, wenn Sie an verschiedene Situationen denken? Schneller und gleichzeitig unregelmäßiger Atem entsteht meistens durch Aufregung, Ärger, Zorn, Angst und Sorgen. Je freier Sie von Ärger und Sorgen sind, desto ruhiger ist Ihre Atmung. Derart wird der Körper vom Geist gelenkt. Durch bewusste Atmung kann man sowohl den Körper als auch den Geist lenken. Der Geist wird beruhigt, der Körper entspannt und massiert, gleichzeitig werden seine Funktionen optimal angeregt.

Das ist die optimale Vorbereitung zur Anwendung der „Lebensregeln des Mikao Usui".

Der japanische Originaltext der Lebensregeln auf Seite 6 im Original-Handbuch des Mikao Usui[3] sieht so aus:

招福の秘法	Shôfuku no hihô
萬病の靈薬	manbyô no reiyaku
今日丈けは　怒るな	kyô dake ha　okoru na
心配すな　感謝して	shinpai suna　kansha shite
業をはげめ　人に親切に	gô o hageme　hito ni shinsetsu ni
朝夕合掌して心に念じ	asayû gasshô shite kokoro ni nenji
口唱へよ	kuchi tonaeyo
心身改善　臼井靈氣療法	shinshin kaizen　Usui Reiki Ryôhô
肇祖臼井甕男	chôzo Usui Mikao

Unsere eigene wortwörtliche Übersetzung der Lebensregeln des Mikao Usui lautet:

Glückbringende Geheimtechnik
Wunderheilmittel unzähliger Krankheiten
Nur heute ärgere dich nicht.
Sorge dich nicht. Sei dankbar.
Kümmere dich um gutes Karma. Sei nett zu deinen Mitmenschen.
Meditiere Tag und Nacht mit Gasshô, wünsche es dir von ganzem Herzen.
Rezitiere es mit dem Mund.
Verbesserung von Geist und Seele mit der Usui Reiki Heilmethode
Der Gründer Usui Mikao

Oft werden wir von Reiki-Praktizierenden darauf aufmerksam gemacht, dass Verneinungen in als Affirmationen gesprochenen Sätzen nicht sinnvoll seien. Der oben aufgeführte Wortlaut ist wie gesagt die wörtliche Übersetzung der Lebensregeln. Würden wir einen Satz wie „Nur heute ärgere dich nicht" umwandeln in beispielsweise „Nur heute freue dich", würde dieser Satz ins Japanische zurückübersetzt ganz anders lauten. Der Sinn, den Usui Sensei ausdrücken wollte, würde nicht mehr wiedergegeben werden. Zum besseren Verständnis mag Ihnen die Information dienen, dass die japanische Sprache zu großen Teilen aus Verneinungen besteht, die dort jedoch eine ganz andere Nuance und Wirkung auf den Geist haben als die Verneinungen in westlichen Sprachen.

Eine Übersetzung ist immer eine Interpretation des Inhalts, weil es auf der sprachlichen Ebene kaum möglich ist, rein kulturbedingte Bedeutungen und Nuancen gefühlsmäßig so zu vermitteln wie in der Ursprungssprache. Genau deswegen kommt es bei wörtlichen Übersetzungen zu Missverständnissen in der Zielsprache, wie hier mit den Verneinungen.

Trotz dem gerade Gesagten ist es üblich und korrekt, viele der japanischen Verneinungen in der Zielsprache ohne Vereinung auszudrücken. Zum Beispiel beinhaltet die japanische

Bedeutung für „müssen" immer eine Verneinung, während das deutsche „müssen" frei von Verneinungen ist. Daher wollen wir nun eine weitere eigene Übersetzung der betreffenden Zeilen vorstellen, die so wörtlich wie nötig und so frei wie möglich ist:

> Nur heute lass ab von Ärger.
> Lass ab von Sorgen. Sei dankbar.

In der fünften Zeile taucht im Japanischen das Wort „Gô" auf. Aus der Aussprache „gô" geht hervor, dass die Bedeutung „Karma" ist und nicht wie oft angenommen „Arbeit". Würde es Arbeit heißen, müsste dort die Aussprache „gyô" stehen, und dann wäre es eine Arbeit im Sinne von Handel treiben. Karma ist das Gesetz von Ursache und Wirkung.[4] Wenn ich heute nett zu meinen Mitmenschen bin und dankbar für das, was ich habe, dann brauche ich mir um das Morgen keine Sorgen zu machen, und mich auch morgen über das Gestern (heute) nicht ärgern. Auf diese Weise kümmere ich mich um gutes Karma.

Der Satz ist etwas lang, das wissen wir. Lassen Sie ihn sich ruhig einige Male durch den Kopf gehen und kombinieren Sie ihn im Rahmen einer Meditation mit den Reiki-Geheimtechniken der Hara-Atmung und Gasshô-Meditation. Halten Sie inne und warten Sie ab, was passiert. Mit dieser kontemplativen Meditation werden Sie bald den tieferen Gehalt der Lebensregeln für den Alltag verstehen.

Reiki-Visualisation
(Reiki-kan-hihô)

Die dritte Reiki-Geheimtechnik:

Reiki-Visualisation
(*Reiki-kan-hihô* 靈氣観秘法)

Die dritte Geheimtechnik schließt direkt an die geheime Reiki-Atmung an. Während bei der geheimen Reiki-Atmung die Kraftverstärkung und Wahrnehmung über den kinästhetischen Sinn geschult wurden, geht es in diesem Kapitel um den visuellen Sinn. Diese beiden Formen der Reiki-Geheimtechniken bauen aufeinander auf, da bei der Visualisation auch die Atmung eine wichtige Rolle spielt.

Vorweg wollen wir kurz darauf eingehen, wie die feinstoffliche Wahrnehmung im Zusammenhang mit den fünf Sinnen funktioniert. In unserer Sprache gibt es so gut wie keine Begriffe für den Bereich der feinstofflichen Wahrnehmung. Sie liegt außerhalb der Greifbarkeit mit den fünf Sinnen. Es ist wie mit den Barcodes an der Kasse, die in verständliche Zahlen umgewandelt werden. Beim Menschen werden jedoch keine Zahlen verwendet. Das menschliche Gehirn bedient sich eines Kunstgriffes. Es übersetzt die wahrgenommenen Energien und Informationen mit Begriffen der fünf Sinne oder einer vorstellbaren Symbolsprache, damit man das Wahrgenommene überhaupt ausdrücken kann.

Oft wird die Reiki-Kraft mit einem hellstrahlenden Licht verglichen. Das hängt unter anderem damit zusammen, dass man sich Energie sehr gut mit Licht und Farben verbildlichen kann. Das Meistersymbol zur Einweihung in die Reiki-Kraft selbst bedeutet „Große Erleuchtung". Bei Behandlungen und Meditationen mit Reiki kann man sich dies zu Nutze machen, da die Reiki-Kraft durch ihre Visualisation erstens verstärkt und zweitens besser wahrgenommen wird. Die verstärkte Ausprägung der Wahrnehmung gilt nicht nur für die Behandler, sondern auch für den Empfänger. So haben wir immer wieder erlebt, dass Klienten genau beschreiben konnten, was wir visualisiert hatten, ohne dass wir ihnen zuvor davon erzählt hätten.

Reiki-Visualisation (*Reiki-kan*)

- ॐ Beginnen Sie die Behandlung mit dem Kaji-Ritual. **(Bild 1 + 2)**
- ॐ Legen Sie Ihre Hände auf die zu behandelnde Position bei sich selbst oder Ihrem Partner. **(Bild 3)**
- ॐ Lenken Sie beim Einatmen die Aufmerksamkeit auf Ihr Kronenchakra und stellen Sie sich vor, wie dort ein goldenes Licht in Sie einströmt. **(Bild 4)**
- ॐ Halten Sie kurz inne, indem Sie eine Atempause machen, solange Sie es bequem aushalten können. Stellen Sie sich vor, wie sich das goldene Licht in Ihnen ausbreitet.

ॐ Lenken Sie beim Ausatmen die Aufmerksamkeit auf Ihre Hände und stellen Sie sich vor, wie aus den Händen nun das goldene Licht in Ihren Partner einströmt. **(Bild 4)**

ॐ Halten Sie kurz inne, indem Sie eine Atempause machen, solange es für Sie bequem ist. Stellen Sie sich vor, wie das goldene Licht sich in dem Bereich, wo Ihre Hände aufliegen, in Ihrem Partner ausbreitet.

ॐ Wiederholen Sie dies bis zum Ende der Behandlung.

ॐ Beenden Sie die Behandlung mit dem Kaji-Ritual.

Durch die Vorstellung, dass die Reiki-Kraft in Form von goldenem Licht in Sie einströmt und durch Ihren Körper wandert, um dann schließlich über die Hände in Ihren Partner zu fließen, verstärken Sie den natürlichen Lauf von Reiki.

Mittels der Visualisation können Sie noch mehr Reiki über das Kronenchakra einziehen und über die Hände abgeben. Der Reiki-Fluss wird durch die Arbeit mit dem Geist unterstützt. Der Geist vermag Energie und Körper zu lenken. Die Energie geht immer dahin, wo die Aufmerksamkeit ist, und die Kombination mit der Atmung unterstützt das Gefühl des Fließens noch weiter.

Mit der Lenkung der Lebensenergie lassen sich noch viele andere interessante Dinge machen. In vielen Inneren Kampfkünsten, wie auch in Marks Lieblingskampfkunst Ninjutsu, gibt es eine Übung, die „Der Eiserne Arm" genannt wird. Durch Lenkung der Lebensenergie über Atmung und Visualisation ermöglicht man es dabei, dass ein viel stärkerer Partner mit beiden Armen den eigenen Arm nicht beugen kann, obwohl man nicht mehr Muskelkraft aufwendet als die, die man braucht, um den eigenen Arm hochzuhalten. Probieren Sie es doch einfach einmal aus. Zuerst mit Muskelkraft und dann mit Lenkung der Lebensenergie.

Der Eiserne Arm

- ॐ Strecken Sie Ihren Arm nach vorne oder zur Seite aus.
- ॐ Spannen Sie die Muskeln Ihres Arms an und bitten Sie einen Partner, Ihren Arm am Ellenbogengelenk zu beugen, indem er mit der einen Hand Ihren Unterarm hinter dem Handgelenk fasst und mit der anderen Hand in Ihre Ellenbogenbeuge drückt.
- ॐ Wenn Sie nicht gerade Schwarzenegger heißen, wird sich Ihr Arm nach kurzem Widerstand beugen lassen. **(Bild 1)**
- ॐ Probieren Sie das Gleiche jetzt noch einmal. Anstelle Ihren Arm anzuspannen, gehen Sie diesmal wie folgt vor:
- ॐ Atmen Sie die goldene Reiki-Kraft über das Kronenchakra in Ihr Hara und stellen Sie sich vor, wie diese Kraft besonders mit dem Ausatmen aus Ihrem Arm ausströmt.
- ॐ Sobald Sie diese Vorstellung sicher aufgebaut haben, bitten Sie Ihren Partner, erneut zu versuchen, Ihren Arm zu beugen.
- ॐ Wenn er nicht vorher aufgibt, wird er dabei ziemlich ins Schwitzen geraten. **(Bild 2 + 3)**

Diese Übung ist nur ein Beispiel von vielen, wie Lebensenergien bewusst gelenkt werden können. Vielleicht fragen Sie sich, was diese Übung aus den Kampfkünsten mit Reiki zu tun hat. Nun, zu Lebzeiten von Usui Sensei war es in Japan gerade Mode, sich mit solchen Dingen zu beschäftigen. An den Reiki-Symbolen lässt sich bei genauerer Erforschung er-

REIKI-VISUALISATION

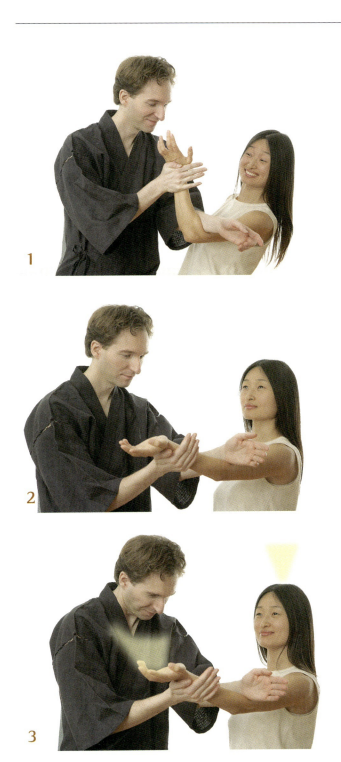

kennen, dass Usui Sensei sie aus verschiedenen spirituellen Traditionen, die zu seiner Zeit in Japan vorherrschten, in das Reiki-System mit eingebunden hat. Dazu gehören der japanische Schamanismus *Shintô*, die japanische Magie *Shugendô*, der magische Daoismus Chinas *Dôkyô* und der Esoterische Buddhismus *Mikkyô*. In allen vier spirituellen Traditionen spielt die Visualisation zur Lenkung von Lebensenergie eine bedeutende Rolle, wie es sich auch bei der Energiearbeit der Reiki-Symbole zeigt.

Was Usui Sensei und seine Zeitgenossen damals alles bewerkstelligt haben, ist noch weitaus fantastischer als das obige Beispiel. Vermutlich waren es auch solche Übungen und Methoden, die sich sowohl zum Heilen als auch zum Kämpfen einsetzen lassen, die Usui Sensei auf die Idee brachten, nach der dauerhaft verfügbaren Reiki-Kraft zu suchen. Geheime Techniken zur Kraftverstärkung waren Usui Sensei unserem derzeitigen Forschungsstand nach sehr wohl bekannt, da er sie schon lange vor seiner Erleuchtung auf dem Kurama-Berg praktizierte. Diese heute geheimen Techniken haben ihn sicherlich unterstützt, eine ganz besondere Reiki-Kraft und Wahrnehmung zu entwickeln, die weit über das Maß der initialzündenden Einweihungen hinausgeht.

Meditation und Visualisation

Im Esoterischen Buddhismus, aus dem das SHK-Symbol zur Mentalheilung aus dem zweiten Reiki-Grad und das DKM-Symbol für die Einweihungen aus dem Reiki-Meistergrad stammen, gibt es eine Reihe meditativer Visualisationen, die das Lenken von Energien zur Entwicklung der Heilfähigkeiten, der feinstofflichen Wahrnehmung, der magischen Kraft bei Ritualen und Einweihungen auf dem Weg zur Erleuchtung zum Schwerpunkt haben. Diese besonderen Methoden sind ins Rainbow Reiki eingeflossen, und so ist ein ganz neuer Zweig entstanden, das so genannte „Dainichi Nyorai Kidô".

Dainichi Nyorai Kidô bedeutet „Der Weg der Lebensenergie des Großen Sonnenbuddhas". Dainichi Nyorai ist der kosmologische Buddha im Zentrum des Universums, dessen Licht (die Reiki-Kraft) von ihm aus das gesamte Universum erleuchtet. Bei seiner Meditation auf dem Kurama-Berg wurde Usui Sensei von Dainichi Nyorai während seiner Vision in die Reiki-Kraft eingeweiht.

Dainichi Nyorai Kidô ist somit die mystische Form der Energiearbeit mit Reiki und seiner spirituellen Quelle. Es geht weit hinaus über die reine Heilung durch Handauflegen, weil mit weiteren Einweihungen, Mantras und Mudrâs der Erleuchtungsgeist und das Buddhabewusstsein erweckt werden. Die Basis bildet der Esoterische Buddhismus der Shingon-Schule in Japan.

Die erste Grundübung dort für Mönche wie auch für Laien ist die Mond-Meditation mit dem Symbol A des Dainichi Nyorai. Diese Meditation wird in Japan *Gachirin-kan* genannt. Bei dieser Meditation geht es um Übertragung der Heilenergie des Dainichi Nyorai zum Menschen. So wie man besser den Mond bewundern kann, als direkt in die Sonne zu schauen, meditiert man zuerst mit der Mondin, der weiblichen Kraft der Großen Göttin. Wie sich im DKM-Symbol zeigt, wirkt diese gleichermaßen durch Dainichi Nyorai. Über die intuitiv weibliche Kraft ist es besonders einfach, sich der Göttlichkeit zu nähern.

Die Sonne (gleich Dainichi Nyorai) strahlt ewig und grenzenlos. Sie ist so stark und hell, dass auch die dunkelsten Orte erleuchtet werden. Das Licht der Sonne schenkt uns die Wärme der Liebe und das Licht der Weisheit. Bei Reiki-Behandlungen merkt man oft die Wärme. Wenn man themenbezogen mit Reiki arbeitet, kommt auch die Weisheit hinzu.

Alles, was man sieht, sei es ein Lebewesen oder ein Gegenstand, wird nur durch Reflexion des Lichts für das menschliche Auge sichtbar. Die Sonne ist so stark und grell, dass man nicht lange in sie schauen kann. Stattdessen kann man den Mond anschauen, um die Kraft der Sonne in sich zu spüren. Die Sonne reflektiert den Mond. Der Mond hat seine Wirkung durch die Sonne. Bei der *Gachirin-kan* Mondmeditation sammelt man die Mondkraft in sich, während man den Mond betrachtet.

Meditationen mit dem Mond

Die japanischen Mönche auf dem Berg Koyasan haben uns gebeten, diese einfache Mond-Meditation in der Welt zu verbreiten. Vor 1300 Jahren gründete der Mönch Kûkai auf dem Berg Kôyasan ein Kloster des Esoterischen Buddhismus. Diese Ausbildungsstätte, die zugleich das Zentrum des Esoterischen Buddhismus in der von Kûkai selbst ins Leben gerufenen Shingon-Schule (Shingon bedeutet Mantra) ist, entwickelte sich im Laufe der Jahrhunderte zu einer gewaltigen Tempelstadt mit mehreren hundert Tempeln und vielen tausend dort lebenden Mönchen. Zur Ermächtigung, die Mond-Meditation zu lehren, kam es im Februar 2006, als wir gemeinsam mit den Mönchen dort auf dem Heiligen Berg Koyasan meditierten. Die Mönche waren erstaunt über Junghees Erfahrung während der Meditation. Der Meditationsleiter erklärte, dass es normalerweise vieler Jahre Praxis dieser Meditation bedarf, um ihre Stufe zu erreichen. Junghee mag von Geburt an so talentiert sein, oder sie hat diese Fähigkeiten mit Hilfe die geheimen Reiki-Techniken erlangt. Unserer Erfahrung nach steigern diese Techniken die Reiki-Kraft und die Wahrnehmunsgfähigkeit enorm. Dieser Effekt entsteht unter anderem durch die Stärkung des Kontakts zu Dainichi Nyorai.

Unabhängig davon kommt mit dieser Meditation die von Dainichi Nyorai ausgesendete Heilenergie in Ihr Herz und gibt Ihnen die Möglichkeit, alte Blockaden und Karma hinter sich zu lassen. Sie ist die Basis mystischer Energiearbeit und die Meditation zur Erweckung des Buddhas in Ihnen.

Shingon-Mond-Meditation

- ॐ Beginnen Sie die Meditation mit dem Kaji-Ritual. **(Bild 1 + 2)**
- ॐ Halten Sie die Hände in Gasshô vor dem Herzen und öffnen Sie die Handflächen dann seitlich bis zu einer Entfernung von etwa 15 cm voneinander. **(Bild 3)**
- ॐ Malen Sie mit dem Handteller Ihrer dominanten Hand einen Kreis von etwa 15 cm Durchmesser, den Sie sich als weiß-gold leuchtenden Mond vorstellen. Lösen Sie dafür Ihre dominante Hand kurz aus der Gasshô-Haltung. **(Bild 4 – 6)**
- ॐ Nehmen Sie Ihre dominante Hand wieder zurück in Gasshô, sobald Sie den Kreis gemalt haben. Wahren Sie dabei wieder einen Abstand von etwa 15 cm.
- ॐ Stellen Sie sich vor, wie bei jedem Einatmen goldenes Licht von der Mondscheibe in Ihr Herz strahlt und Sie ganz auffüllt. Mit jedem Ausatmen fließt ein goldenes Licht von Ihnen zu der Mondscheibe. **(Bild 7)**
- ॐ Beenden Sie die Meditation mit dem Kaji-Ritual.

1

2

REIKI-VISUALISATION

Vollmond-Meditation

- ॐ Begeben Sie sich zu Vollmond an einen Ort in der Natur, wo Sie den Mond gut betrachten können. Die Nacht vor oder nach dem Vollmond ist auch geeignet.
- ॐ Beginnen Sie die Meditation mit dem Kaji-Ritual.
- ॐ Schauen Sie während der ganzen Meditation in den Mond. **(Bild 1)**
- ॐ Halten Sie die Hände in Richtung Mond gewandt, als wollten Sie ihn in jedem Moment auffangen. **(Bild 2)**
- ॐ Atmen Sie das Mondlicht über Ihre Hände und Ihr Herz ein und stellen Sie sich dabei vor, wie das Mondlicht Sie erfüllt. **(Bild 3)**
- ॐ Halten Sie kurz inne und spüren Sie, wie sich die Energie von Ihrem Herzen aus in Ihnen ausbreitet.
- ॐ Schenken Sie dem Mond beim Ausatmen Ihre Liebe und stellen Sie sich vor, wie ein goldenes Licht von Ihrem Herzen und Ihren Händen zum Mond strahlt. **(Bild 4)**
- ॐ Halten Sie kurz inne und schauen Sie, wie der Mond davon erfüllt wird.
- ॐ Wiederholen Sie diesen Zyklus, so oft Sie mögen.
- ॐ Beenden Sie die Meditation mit dem Kaji-Ritual. **(Bild 5)**

Die Vollmond-Meditation ist eine Variante der Shingon-Mond-Meditation, bei der man wirklich den Mond betrachtet. Diese Meditation ist besonders wirkungsvoll, wenn Sie dabei bewusst atmen und visualisieren. Schauen Sie den Mond einfach so an und machen Sie danach die Meditation. Dann werden Sie merken, wie intensiv das sein kann. Das Mondlicht, das schließlich von der Sonne, von Dainichi Nyorai kommt, ist die Befreiung des Herzens. Es schenkt Ihnen Geborgenheit und fördert die Fähigkeit der Vergebung.

Man kann den Mond auf zwei grundlegende Weisen betrachten: bewusst und unbewusst. Unbewusst heißt wie im Vorbeigehen, zum Beispiel beim Autofahren oder Spazierengehen. In diesem Fall sieht man einfach nur den Mond, der da jeden Tag am Himmel steht, sichtbar wie von jedem Ort der Welt zu gegebenen Tageszeiten. Dieses Betrachten nebenbei, oder auch wenn man plötzlich einmal auf den Mond aufmerksam wird, unterscheidet sich vom bewussten Betrachten des Mondes. Es ist so ähnlich wie mit einem Spaziergang in einem Wald, in dem sich ein Kraftplatz befindet. Wer seine Aufmerksamkeit nicht bewusst auf die dortigen Heilenergien ausrichtet, wird diese Heilkraft kaum in dem Maße wahrnehmen wie jemand, der sich schon mit der Absicht dorthin begibt, nun schamanische Rituale und Kraftplatzarbeit zu leisten. Dies kann durch bewusste Einstimmung, Lenkung der Aufmerksamkeit sowie aktives, liebevolles und eigenverantwortliches Handeln geschehen. Mit Reiki ist es das Gleiche. Reiki nebenbei beim Fernsehen ist so, als wenn man bei einer Autofahrt nebenbei den Mond sieht. Die Aufmerksamkeit ist mehr beim Fernsehen oder Autofahren als beim Mond oder bei Reiki.

REIKI-VISUALISATION

– 43 –

Eine bewusste Mondmeditation hat genauso wie eine bewusste Reiki-Behandlung zur Folge, dass man die Kraft im Herzen und um sich spürt. Es ist dann nicht mehr der Mond, der weit draußen am Himmel steht. Der Mond ist im Herzen und erstrahlt noch viel heller – so wie Reiki, wenn es bewusst eingeladen wird. Bei der geheimen Mondmeditation geht es darum, das Licht des Mondes ins eigene Herz strahlen zu lassen und dies bewusst zu erleben. Dieses bewusste Erleben wird durch die Visualisation verstärkt. Beim Reiki-Geben ist die Visualisation das von Dainichi Nyorai kommende goldene Licht, das über das Kronenchakra eintritt.

Wenn man in Reiki eingeweiht ist oder sogar den Meistergrad gemacht hat, sich jedoch nicht sonderlich mit Reiki beschäftigt, dann gleicht das mehr dem schönen Schein, wie ihn auch der Mond tagtäglich zeigt, ob wir nun hinsehen oder nicht. Behandelt ein in den ersten Grad Eingeweihter sich und andere regelmäßig und bewusst, liebevoll und eigenverantwortlich, wird er in wenigen Wochen mehr Reiki-Kraft in den Händen entwickeln als ein Meister mit seinem schönen, aber nicht bewusst eingesetzten und kultivierten Schein.

Vielleicht kennen Sie Menschen, die mit Reiki angefangen hatten und sich dann anderen Dingen zugewandt haben. Ganz aufhören mit Reiki kann man ja nicht, weil die Einweihungen nicht rückgängig zu machen sind. Als Grund für diese Abkehr haben wir oft gehört, dass es noch etwas Besseres geben soll. Über einen längeren Zeitraum haben wir dann jedoch häufig beobachtet, dass sehr bald auch das Neue durch wieder etwas Neues ersetzt wird. Ein wirkliches Einlassen auf die Methode findet nicht statt.

Die Reiki-Geheimtechniken können für neue Tiefe in der Praxis sorgen und auch Menschen begeistern, die sich schon von Reiki abgewandt hatten. Probieren Sie sie also in aller Ruhe aus und teilen Sie sie auch mit anderen. Die bewusste Behandlung und Verstärkung der Reiki-Kraft wird Ihnen viele neue Türen öffnen. Es ist ein Weg zu Ihrem inneren Heiler mit dem Segen des Dainichi Nyorai. Und das alles bereits ab dem ersten Reiki-Grad!

Aktive Integration des Inneren Kindes in den Alltag

Sie werden merken, wie mit der Lenkung der Aufmerksamkeit, der visuellen Vorstellung und dem Herzenswunsch nach Heilung der Reiki-Fluss erheblich verstärkt wird. Wenn dieser Bereich Heilung braucht, wird umso mehr Reiki eingezogen.

Egal, ob man an Reiki glaubt oder nicht – die Energie wird eingezogen. Dieser Prozess läuft unterbewusst ab, er wird also vom Inneren Kind gesteuert. Auch wenn der bewusste Geist so rational orientiert ist, dass er es sich nicht vorstellen kann oder Angst vor der Wirkung und den Folgen hat (meist letzteres), bleibt das Innere Kind davon unberührt und wird Reiki einziehen, wenn es gebraucht wird. Der bewusste Geist kann höchstens dafür sorgen, dass es gar nicht erst zu einer Behandlung kommt, indem er sich von vornherein verweigert.

Vielleicht werden Ihnen auf Ihrem Reiki-Weg Personen begegnen, die sich nicht behandeln lassen wollen, weil sie Angst haben, sich damit vor anderen lächerlich zu machen. In solchen Fällen wird oft vorgeschoben, dass man an Reiki glauben müsse, damit es wirkt. Das gesellschaftliche Umfeld hat diesen Glauben geprägt – wer ihm folgt, darf länger leiden.

Unsere Intuition und unser Körperbewusstsein handeln aus der Liebe heraus. Das Innere Kind sucht ständig nach Wohlbefinden, Glück und Freude, und es freut sich besonders, wenn es Reiki bekommt, dann entspannt es tief. Reiki wirkt auch bei skeptischen Menschen, keine Sorge!

Eines Nachmittags, strahlendes Licht hatte angenehme Wärme im Wohnzimmer verbreitet, las ich (Junghee) einmal ein Kinderbuch. Eine Szene, die ich mir bildhaft vorstellen konnte, rief eine Erinnerung aus der Vergangenheit in mir wach, an die ich lange Zeit nicht mehr gedacht hatte. Es war sehr schön, diese Erinnerung aus meiner Kindheit wieder zu erleben, einer für mich sehr glücklichen Zeit. Ich versank immer tiefer in dieses Ereignis aus der Vergangenheit und ein Lächeln breitete sich auf meinem Gesicht aus. Ich entspannte mich tief und verspürte so viel Lust und Energie, als wäre ich wieder dieses Kind von damals. Die Fröhlichkeit war wieder da. Oh, wie schön! Für dieses Erlebnis bedankte ich mich bei meinem Inneren Kind, das für solche Dinge zuständig ist. Ich dankte ihm dafür, dass ich dieses Gefühl wiedergefunden hatte, welches ich in meinem Alltag gut gebrauchen konnte.

Das Innere Kind ist für die inneren Bilder, die Intuition, die feinstoffliche Wahrnehmung und die außersinnliche Handlungsfähigkeit (wie z.B. mit Reiki) zuständig. Je aktiver Ihr Inneres Kind ist, desto einfacher können Sie visualisieren und damit die Reiki-Kraft verstärken. Die bildhaft dargestellte Szene in dem Kinderbuch hat mir Kraft geschenkt, weil damit das Innere Kind in mir wach wurde. Vielleicht ist Ihnen schon einmal aufgefallen, dass Kinder, wenn sie spielen, kaum müde werden.

Angenehme Erinnerungen wirken auf den Gemütszustand und das Energiesystem sehr positiv. Um Ihr Inneres Kind besser in Ihrem Alltag einsetzen zu können, probieren Sie einmal folgende Übung:

Stellen Sie sich etwas vor, das an Schönheit nicht zu übertreffen ist. Das kann eine Erinnerung an etwas sein, was Sie selbst erlebt oder in einem Buch oder Film gelesen oder gesehen haben. Denken Sie einfach ganz intensiv daran. Nach einiger Zeit spüren Sie ein Gefühl der Entspannung, Freude und Kraft. Diese Kraft kommt von Ihrem Inneren Kind. Sie wird für Sie wahr, wenn Sie Ihre Aufmerksamkeit dorthin lenken. Ihr Inneres Kind freut sich besonders und wird gestärkt, je mehr Sie das zulassen.

Die dritte Reiki-Geheimtechnik

Wahrnehmungssinne entwickeln mit Visualisation

Kann man Reiki sehen? Ist es wirklich wichtig, mit den Augen zu sehen? Unsere physischen Augen sind nicht dafür geeignet, feinstoffliche Dinge zu sehen. Das Feinstoffliche „sieht" man mit feinstofflichen Sinnen, deren Inhalte in den Sprachgebrauch der fünf Sinne übersetzt werden. Von Geburt an ist jeder visuell begabt, man muss diese Fähigkeit aber auch trainieren, um sie nutzen zu können. Lassen Sie uns ein Experiment machen, wie gut Sie zur Zeit visualisieren können.

Wer sieht den Elefanten?
- ॐ Strecken Sie eine Hand nach vorne aus, die Handfläche zeigt nach oben.
- ॐ Stellen Sie sich jetzt *nicht* den rosa Elefanten auf der Hand vor.

Haben Sie den rosa Elefanten gesehen? Die meisten Menschen sehen den rosa Elefanten besonders gut, wenn man sie darum bittet, ihn sich nicht anzusehen. Das hängt unter anderem damit zusammen, dass man dann nicht so unter Spannung steht, jetzt etwas sehen zu müssen.

Wenn es Ihnen schwer fällt, die geheimen Reiki-Visualisationen durchzuführen, probieren Sie es mit der folgenden Übung. Diese Visualisationsübung hilft Ihnen, Reiki lichtkräftiger, plastischer und einprägsamer wirken zu lassen.

REIKI-VISUALISATION

Buddha-Kerzen-Visualisation

ॐ Zünden Sie zwei gelbe Kerzen an.
ॐ Stellen Sie ein Foto oder die Skulptur eines Buddhas dazwischen.
ॐ Schauen Sie eine Weile Kerzenlicht und Buddha an. **(Bild 1)**
ॐ Schließen Sie die Augen und stellen Sie sich den großen Sonnenbuddha vor, wie er in goldenem Licht erstrahlt. **(Bild 2)**
ॐ Ein Lichtstrahl von ihm kommt jetzt zu Ihrem Herzen. **(Bild 3)**
ॐ Das Licht füllt Sie ganz aus, während Sie tief ein- und ausatmen. **(Bild 4)**
ॐ Nun senden Sie dieses Licht aus Ihren Händen zum Buddha zurück, indem Sie ausatmen und dabei Ihre Arme bis auf Schulterhöhe anheben und die Handflächen in Richtung Buddha ausrichten. **(Bild 5)**

Entspannungstechnik mit Visualisation

Nun noch eine kleine Übung, wie Sie selbst sich mit der geheimen Reiki-Visualisation entspannen und regenerieren können.

Entspannung für sich selbst

- ॐ Legen Sie sich auf eine bequeme Unterlage und decken Sie sich gegebenenfalls zu. **(Bild 1)**
- ॐ Führen Sie für sich selbst das Kaji-Ritual durch.
- ॐ Spüren Sie die Bereiche Ihres Körpers, die mit der Unterlage in Verbindung sind. Legen Sie beide Hände auf die Seite. **(Bild 2)**
  Atmen Sie drei Mal aus und ein, so wie Sie normalerweise atmen. Schließen Sie die Augen. Atmen Sie über die Nase mit geschlossenem Mund ein und lenken Sie die Aufmerksamkeit auf Ihren Bauch.
- ॐ Halten Sie kurz inne und beobachten Sie Ihren angehobenen Bauch.
- ॐ Atmen Sie langsam aus und stellen Sie sich vor, wie alle Spannungen in Form von beliebigen Symbolen in den Himmel aufsteigen.
- ॐ Wiederholen Sie dies insgesamt drei Mal.
- ॐ Atmen Sie drei Mal aus und ein, so wie Sie gewöhnlich atmen.
- ॐ Atmen Sie langsam goldenes Licht in Ihr Kronenchakra ein.
- ॐ Halten Sie kurz inne und stellen Sie sich vor, wie sich das goldene Licht in Ihrem ganzen Körper ausbreitet.
- ॐ Während Sie ausatmen, bewegen Sie Ihre Hände sanft auf den Bauch, mit den Handflächen nach unten. **(Bild 3)**
- ॐ Atmen Sie goldenes Licht tief durch Ihr Kronenchakra ein. **(Bild 4)**
- ॐ Halten Sie kurz inne und stellen Sie sich vor, wie sich das goldene Licht in Ihrem ganzen Körper ausbreitet.
- ॐ Wenn Sie fühlen, dass das goldene Licht Sie ganz ausfüllt, atmen Sie einige Atemzüge, wie Sie normal atmen und genießen Sie das Gefühl der Entspannung.
- ॐ Beenden Sie die Übung mit dem Kaji-Ritual.

Wenn Sie diese Technik lange genug geübt haben und in Ihren Händen ansteigende Wärme oder Kribbeln spüren, können Sie die Übung auch machen, ohne die Hände auf den Bauch zu legen.

REIKI-VISUALISATION

– 49 –

Übung macht den Meister

Reiki hat kein Aussehen, keinen Geruch, Geschmack oder Klang. Wird es mit einem der allgemein bekannten fünf Sinne wahrgenommen, ist das eine Übersetzung unseres Gehirns. Es ist möglich, Reiki über Training mit den fünf Sinnen wahrzunehmen, wobei die sichtbare Visualisation mit den Augen für einige Menschen besonders einfach ist. Die Kombination aus Sehen und Fühlen ist nützlich, weil Reiki mit den Händen „be-griffen" werden kann. Reiki muss man nicht mit den Augen sehen können, wie manchmal angenommen wird.

Es gibt Menschen, die nehmen die Reiki-Energie mehr wahr, und andere weniger. Wenn ein Schüler wenig oder nichts wahrnimmt, hat er oft Angst, ob das alles auch wirklich stimmt oder er nicht vielleicht einer Täuschung aufgesessen ist. Zweifel kommen auf, und irgendwann gibt manch einer vielleicht auf. Das ist sehr schade.

Es ist ganz normal, dass man die Wahrnehmung erst trainieren muss, bevor man sie genießen kann. Wenn man Reiki gibt, braucht man nicht unbedingt etwas wahrnehmen. Es zählt in erster Linie die Wirkung nach der Behandlung. Das ist vergleichbar mit einer Medizin. Dort kommt es nur auf die Wirkung an und nicht auf den Geschmack, und schon gar nicht darauf, dass wir bei der Einnahme etwas visualisieren.

Anders als bei Medikamenten spielt bei Reiki die Wahrnehmung für den Behandler insofern eine wichtige Rolle, als dass sie es ihm ermöglicht, mit Reiki durch das Erspüren von Blockaden und Ähnlichem die Bereiche aufzuspüren, wo die Behandlung zur Heilung einsetzen kann. Daher gilt auch hier: Übung macht den Meister.

Der Reiki-Empfänger kann von Reiki eine Wirkung erwarten. Wenn jemand sowohl Empfänger als Behandler ist, sich also selbst behandelt, ist in erster Linie die Wirkung und der Nutzen wichtig. Wenn er die Wahrnehmung zudem noch nutzen kann, um eine noch schnellere und bessere Wirkung zu erzielen, umso besser. Die sieben geheimen Reiki-Techniken helfen, beide Ziele in Kombination zu erreichen.

Die Wahrnehmungsfähigkeit kann sich nicht von heute auf morgen entwickeln, aber wenn Sie sich intensiv damit beschäftigen, so wird die Zeit kommen, wo Sie aus dem Staunen und der Freude über all die wunderbaren Dinge, die Sie wahrnehmen, gar nicht mehr herauskommen. Viele gute Erfahrungen durch häufiges Behandeln mit Reiki steigern Ihre Fähigkeiten und den Kraftfluss bereits ab dem ersten Grad.

4

Gasshô
(Reiki-gasshô-hihô)

Die vierte Reiki-Geheimtechnik:

Gasshô
(*Reiki-gasshô-hihô* 靈氣合掌秘法)

Sicherlich haben Sie schon einmal von der Gasshô-Meditation gehört, die Usui Sensei seinen Schülern sehr ans Herz legte. Das ist eine der kraftverstärkenden Übungen mit Reiki, die wie die anderen Geheimtechniken ebenfalls die Wahrnehmung steigert. Bevor die bahnbrechenden Forschungen von Frank Arjava Petter den Westen erreichten, hatte Walter Lübeck im Rahmen des Rainbow Reiki bereits eine ganz ähnliche Meditation entwickelt, die in seinem „Das Reiki-Handbuch" ausführlich beschrieben wird. Walter bezieht dabei auch die Füße mit ein.

Gasshô ist die Handhaltung, die die Reiki-Schüler bei den Einweihungen in Reiki einnehmen. Die Handflächen werden vor dem Herzen zusammengelegt. Auch unabhängig von den Einweihungen hat Usui Sensei die Gasshô-Meditation an seine Schüler weitergegeben. Dabei hat er betont, die Aufmerksamkeit auf die sich berührenden Spitzen der Mittelfinger zu richten.

Reiki-Gasshô-Meditation

- ॐ Beginnen Sie die Meditation mit dem Kaji-Ritual in der Gasshô-Position und verneigen Sie sich. Heben Sie dabei die Gasshô-Handhaltung mit den Fingern zum Stirnchakra und berühren Sie es leicht. **(Bild 1 + 2)**
- ॐ Führen Sie die Hände in Gasshô zurück zum Herzen. **(Bild 3)**
- ॐ Die Spitzen der Mittelfinger sollten dabei auf der Höhe des fünften Chakras sein. Das liegt in der Kehlgrube, einem empfindlichen weichen Bereich oberhalb des Brustbeins. Ihre sich berührenden Daumen sollten dabei genau auf der Höhe des Herzchakras sein. Sie finden die genaue Lage, indem Sie mit einem Finger von den Achseln waagerecht zur Mitte des Brustbeins streichen.
- ॐ Atmen Sie die Reiki-Kraft als goldenes Licht über Ihr Kronenchakra ein.
- ॐ Halten Sie kurz inne und sammeln Sie die Reiki-Kraft im Hara.
- ॐ Atmen Sie aus und stellen Sie sich dabei vor, wie die Reiki-Kraft als goldenes Licht aus Ihren beiden Händen strömt und die jeweils andere Hand sowie Ihr Herzchakra aufflammen lässt.
- ॐ Halten Sie kurz inne und genießen Sie die Stille.
- ॐ Meditieren Sie auf diese Weise weiter, solange Sie sich dabei wohl fühlen.
- ॐ Beenden Sie die Meditation mit dem Kaji-Ritual.

Was passiert in den Chakras bei der Gasshô-Haltung?

Dass man die Hände bei Gasshô so vor dem Herzen hält, dass die Daumen auf der Höhe des Herzchakras und die Spitzen der Mittelfinger auf der Höhe des Kehlchakras sind, hängt mit dem Energiesystem des Menschen zusammen. Erst dadurch kann sich die Wirkung der Gasshô-Haltung voll entfalten.

Beide Hände werden direkt im Herzchakra gehalten, denn dieses öffnet sich vom Körper nach vorne in die Aura. So bekommt das Herzchakra während der ganzen Meditation Reiki von beiden Händen in ihrer Vereinigung. Die Kraft des Herzens wird gestärkt und gleichzeitig werden die Hände in Gasshô eingehüllt von der Herzensenergie. Diese wird über die Finger nach oben geleitet. Die Mittelfingerspitzen, die das Element Feuer in sich bergen, bringen die Herzenskraft zum Halschakra, so dass sie ausgedrückt werden kann. Nur durch den Ausdruck bringt sie der Welt einen Nutzen. Hebt man die Hände zum Stirnchakra, kommt eine Komponente der Vision und Sinngebung hinzu, damit all das Gute in die richtige Bahn gelenkt werden kann.

In der rechten und linken Hand befinden sich die Nebenchakras der Handteller. Das ist der Bereich, wo die Reiki-Kraft in ihrer stärksten Form herauskommt, weil es relativ große Chakras sind. Die Handteller-Chakras sind Reflexzonen, um das Lebensthema zu be-greifen. Dabei kann es sich um unterschiedliche Lebensbereiche auf der Ebene eines jeden Chakras drehen, nämlich auf körperlicher, emotionaler, mentaler oder spiritueller Ebene.

Auf der Ebene des ersten Chakras

geht es darum, etwas über die Lebensumstände zu begreifen, die mit Überleben, Selbsterhaltung, Erdung, Kämpfen, Urvertrauen, Vitalität und Belastbarkeit zu tun haben. Beispiel: Wenn jemand einen Tinnitus hat, ist er über einen langen Zeitraum hinweg über die Grenzen seiner Belastbarkeit gegangen. Er steht seit geraumer Zeit sozusagen unter Dauerstress im Beruf. Es geht darum zu begreifen, dass das Überleben mit Geldverdienen durch Arbeit zwar wichtig ist, der Körper jedoch auch genügend Ruhe braucht und andere Lebensbereiche wie etwa die Liebe nicht zu kurz kommen sollten. Eine tiefere Ebene kann die Angst davor zeigen, nicht gut genug zu sein, oder Angst vor einem Wandel der Lebenssituation.

Hier hilft die Gasshô-Meditation, in diesem Bereich ein solides Geborgensheitsgefühl und Urvertrauen zu entwickeln. Das hilft dem Betroffenen, auf ganz neue Weise mit seinem Körper umzugehen. Er lernt auch den Bedürfnissen des Körpers zuzuhören (Tinnitus) und erlangt so durch die Entwicklung von Bewusstsein (be-greifen) die Reife, etwas ändern zu können.

Auf der Ebene des zweiten Chakras

geht es darum, etwas über langfristige Themen zu begreifen, die mit Lebensfreude, Gefühlen, Sinnlichkeit, Lust, Erotik, Begeisterung und der Freude am Schönen zu tun haben. Beispiel: Wenn jemand Rückenschmerzen im Lendenwirbelbereich hat, hat er über einen langen Zeitraum in Beziehungen, die unterschiedlicher Natur sein können, mehr Frust als Lust erlebt. Das Sauersein bzw. die Unlust darüber schlägt sich in seinem Rücken nieder.

Hier hilft die Gasshô-Meditation zu begreifen, Anhaftungen an Zorn und alte Beziehungen loszulassen durch die Vergebung vom Herzen, und Gefühle über das Halschakra auszudrücken.

Auf der Ebene des dritten Chakras

geht es darum, etwas über das Selbstbewusstsein zu begreifen. Das hat mit Macht, Angst, Organisationsfähigkeiten, Dominanz, analytischem Denken, Abgrenzung, der Fähigkeit zum Nein-Sagen, Selbstvertrauen und Selbstwertgefühl zu tun. Beispiel: Wenn jemand Magenprobleme hat, kann es sein, dass er im übertragenen Sinne vieles schluckt, was ihm nicht bekommt.

Die Gasshô-Meditation hilft dabei zu begreifen, wie man Selbstbewusstsein und ein Selbstwertgefühl entwickelt, die es einem erlauben, die Dinge von sich zu weisen, die nicht passen, anstelle sich durch Mangel an Selbstwertgefühl selbst zu bestrafen, indem man nicht „Nein" sagt, wenn es angebracht wäre.

Auf der Ebene des vierten Chakras

geht es darum, etwas über das Zusammensein mit sich und anderen zu begreifen. Das hat mit Liebe, Toleranz, Mitgefühl, Dankbarkeit, Harmonie, Gruppenzugehörigkeitsgefühl, Romantik, Einheit, Familie, Selbstliebe und der Fähigkeit des Ja-Sagens und der Vergebung zu tun. Beispiel: Wenn jemand Muskelverspannungen hat, sind in den Muskeln Emotionen gespeichert, die nicht ausgedrückt und meist traumatischer Natur sind.

Die Gasshô-Meditation hilft dabei, Mitgefühl zu entwickeln und sich selbst oder anderen zu vergeben, um wieder ein harmonisches Gruppenbewusstsein zu entwickeln.

Auf der Ebene des fünften Chakras

geht es darum, etwas über Kommunikation zu begreifen. Das hat mit Selbstausdruck, Charisma, Medialität und künstlerischem Wirken zu tun. Beispiel: Wenn jemand Angst vor Mobbing hat, kann es unter Umständen vorkommen, dass er Dinge sagt, die er nicht wirklich denkt.

Die Gasshô-Meditation hilft begreifen zu lernen und statt aus Angst aus der Liebe heraus zu agieren, und zu sich und zur Wahrheit zu stehen, um mehr und mehr wahrlich Gleichgesinnte anzuziehen.

Auf der Ebene des sechsten Chakras

geht es darum, etwas über die Visionsfähigkeit zu begreifen. Das hat mit der Erkenntnis des eigenen Weges, sinnvoller Zusammenarbeit der Organe und Systeme des Körpers, intuitivem, ganzheitlichem Denken und Handeln sowie Hellsichtigkeit zu tun. Beispiel: Wenn jemand in einem Organ Krebs hat, arbeitet das betroffene Organ auf unsinnige Weise gegen den Rest des Körpers.

Je nachdem, welches psychosomatisch-energetische Thema für das jeweilige Organ steht, hilft die Gasshô-Meditation dabei zu begreifen, wie man in dem entsprechenden Lebensbereich wieder auf seinen Weg kommt, um seiner spirituellen Vision zu folgen.

Auf der Ebene des siebten Chakras

geht es darum, etwas über das Mitfließen im Strom des Lebens zu begreifen. Das hat mit der Gesamtheit der unteren sechs Hauptchakras, der Öffnung für das Göttliche, dem Arbeiten für das Wohl der ganzen Schöpfung und der Entwicklung des Erleuchtungsgeistes zu tun. Beispiel: Je mehr jemand die Themen der ersten sechs Chakras durch konstruktiven Umgang mit ihnen in sein Leben integriert, desto eher wird es ihm gelingen, die Zufälle für sich spielen zu lassen und derart in den Fluss des Lebens zu kommen, dass er seiner spirituellen Aufgabe folgen kann.

Die Gasshô-Meditation hilft dabei, dies zu verwirklichen.

Die Kräfte von Yin und Yang in der Gasshô-Mudrâ

Im Esoterischen Buddhismus ist *Gasshô* als die Mudrâ der Herzarbeit bekannt, weil dort die Kräfte Göttin und Gott in einer Einheit gemeinsam wirken. Gasshô wird dort meistens zur Begrüßung, beim Gebet, beim Rezitieren von Mantras und bei der Übergabe von Opfergaben benutzt.

Die Vereinigung beider Hände vor dem Herzen ist eine vereinfachte Form der Weisheitsmudrâ Chiken-in des Dainichi Nyorai. In beiden Mudrâs ist die rechte Hand die Yang-Seite und die linke Hand die Yin-Seite. Es ist die Vereinigung von Gott und Göttin im Herzen. Im Esoterischen Buddhismus ist das die Zusammenführung der so hoch gepriesenen „Mandalas der zwei Welten", der Diamantwelt für die rechte Seite und der Mutterschoßwelt für die linke Seite.

Ein jeder Mensch trägt beide Seiten in sich. Daher sind die Nebenchakras (die Chakras, die rechts und links neben der zentralen Mittellinie des Körpers verteilt sind) immer zweifach vorhanden. Auf der rechten Seite ist es *yang* und auf der linken Seite ist es *yin*. *Yang* steht für die männlichen und *yin* für die weiblichen Persönlichkeitsanteile. Außerdem steht *yang* für den Umgang mit Männern im Leben eines Menschen und *yin* für den Umgang mit Frauen.

Mit der Gasshô-Meditation werden diese beiden sich magisch anziehenden Gegensätze in Einklang gebracht. Für die Handteller-Chakras bedeutet dies, dass es in Bezug zu *yin* und *yang* etwas zu be-greifen gibt. Dies lässt sich wieder auf alle Lebensthemen der Hauptchakras sowie weitere Nebenchakras beziehen. Wenn Sie sich zum Beispiel immer wieder den rechten Ellenbogen stoßen, ist das ein Hinweis auf eine Abgrenzungsproblematik mit einer männlichen Person oder einem männlichen Persönlichkeitsanteil. In den Ellenbogen gibt es Nebenchakras, die für Abgrenzung und das Erschaffen eines eigenen Platzes stehen. Sie liegen genau auf der Höhe des dritten Chakras und stehen damit in Resonanz. So ist es auch hier mit der Gasshô-Meditation möglich, diese Thematik zu harmonisieren.

Vielleicht fragen Sie sich, wie das im Einzelnen gehen soll. Dafür brauchen Sie die oben beschriebene geheime Gasshô-Meditation nur durch das Lenken der Aufmerksamkeit in die entsprechenden Bereiche ergänzen. So einfach ist das – jetzt, wo Sie dieses Geheimnis kennen, können Sie es von Anfang an in Ihre Praxis mit einbeziehen!

Gasshô: Die Mandala-Hände

Sowohl die rechte als auch die linke Hand ist für sich genommen ein Mandala. Gemeinsam sind beide wie zwei Engel mit nur einem Flügel. Erst wenn sie zusammenkommen, können sie fliegen.

Diese Abbildung[5] zeigt die Mandala-Hände als eine Art Landkarte, in japanischer Schrift sind die verschiedenen Themenbereiche beschriftet.

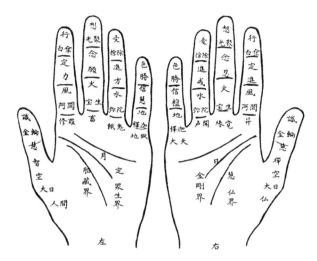

Je nachdem, wie die Finger in einer Mudrâ zusammengebracht werden, entstehen so die unterschiedlichsten Wirkungen. Bei Gasshô werden immer genau die sich anziehenden Gegensätze zusammengebracht.

Das hat auf die energetische Wirkung der Gasshô-Meditation ganz besondere Auswirkungen. Durch das Aufeinanderlegen der Handteller treffen sich Sonne und Mond als Gott und Göttin. Darin ist der höchste Effekt der Kraftverstärkung spürbar. Nun folgt eine fortgeschrittene Übung zur Gasshô-Meditation, bei der man durch die Konzentration auf den Punkt in der Handfläche, wo Sonne und Mond miteinander verschmelzen, von der meditativen Versenkung der Menschenwelt in das alle Zweifel löschende Licht der Weisheit unendlichen Vertrauens der Buddhawelt kommt.

Gasshô-Meditation für Fortgeschrittene

- ॐ Beginnen Sie die Meditation mit dem Kaji-Ritual in der Gasshô-Position und verneigen Sie sich. Halten Sie die Aufmerksamkeit auf dem einen Punkt, wo Sonne und Mond miteinander verschmelzen.
- ॐ Stellen Sie sich vor, dass dieser Punkt immer kleiner wird. Der Mond ist das Tor und die Sonne der Weg. Halten Sie die Aufmerksamkeit dort, solange es bequem für Sie ist.
- ॐ Gehen Sie im nächsten Schritt mit der Aufmerksamkeit in die sich berührenden kleinen Finger, und bringen Sie so das Vertrauen auf die Erde in die Materie. So bekommt das Vertrauen auf Weisheit Kraft und wird weiter unterstützt. Halten Sie die Aufmerksamkeit so lange dort, wie es bequem für Sie ist.
- ॐ Gehen Sie nun mit der Aufmerksamkeit zu den sich berührenden Ringfingern. Dies fördert Bewusstsein, durch klare Wahrnehmung werden die Schleier des Geistes verworfen und Sie kommen in Fluss. Auf dieser Ebene ist die Erleuchtung durch das Hören der Worte Buddhas möglich. Halten Sie die Aufmerksamkeit so lange dort, wie es bequem für Sie ist.
- ॐ Als nächstes gehen Sie mit der Aufmerksamkeit auf die Mittelfinger, die für das Element Feuer stehen. Es ist die Flamme des Herzens, die einen Herzenswunsch und Geduld in sich birgt, um Schritt für Schritt aus eigener Kraft zur Erleuchtung zu gelangen. Über die Vorstellung der fünf Sinne kann sich im Geiste das Ziel manifestieren. Halten Sie die Aufmerksamkeit so lange dort, wie es bequem für Sie ist.
- ॐ Gehen Sie dann mit der Aufmerksamkeit weiter zu den sich berührenden Zeigefingern. Jetzt ist es an der Zeit, mit dem Handeln zu beginnen. Durch Meditation im Sitzen werden mit dem Geiste Kräfte gesammelt. Durch Meditation beim Handeln werden Entwicklung und Vorankommen gefördert. Beides im Wechsel ist der rechte Weg. Halten Sie die Aufmerksamkeit so lange dort, wie es bequem für Sie ist.
- ॐ Richten Sie nun Ihre Aufmerksamkeit auf die sich berührenden Daumen, um Weisheit mit Meditation zu verknüpfen. So werden Zweifel gelöscht und Vertrauen gestärkt. Halten Sie die Aufmerksamkeit so lange dort, wie es bequem für Sie ist.
- ॐ Kehren Sie nun mit der Aufmerksamkeit zu dem Punkt zurück, wo sich Mond und Sonne treffen, mitten in Ihrer Hand. Öffnen Sie langsam die Augen und untersuchen Sie Ihre Wahrnehmung.
- ॐ Beenden Sie die Meditation mit dem Kaji-Ritual.

Dôkô
(Reiki-dôkô-hihô)

靈氣動功秘法

5

Die fünfte Reiki-Geheimtechnik:

Dôkô
(*Reiki-dôkô-hihô* 靈氣動功秘法)

Dôkô ist das japanische Wort für körperliche, bewegungsreiche Energiearbeit. Der Körper wird auf eine Art und Weise bewegt, dass das *Ki* in Chakras, Aura, Körper, Geist und Seele zum Fließen gebracht wird.

Dôkô stärkt den inneren Energiefluss im Körper. Durch regelmäßiges Üben wird der Blutkreislauf angeregt, über den große Mengen an Lebensenergien zu den Zellen und Organen transportiert werden.

Durch spezielle Bewegungen innerhalb der eigenen Aura und den Chakras kommen die dortigen Energien besser in Fluss und regen auf diesem Wege Körper, Geist und Seele an, in Einklang zu kommen.

Wer in Reiki eingeweiht ist, kann mit Dôkô über die Aura und die Chakras Reiki in das Energiesystem leiten. Durch gezielte Techniken wie das unten beschriebene Reiki-Trommeln wird das Energiesystem angeregt, Reiki besser einziehen zu können. Die feinstoffliche Wahrnehmung von Behandler und Empfänger wird gestärkt und der Reiki-Kraftfluss erweitert.

In der Folge stellen wir Ihnen die Grundübungen des Reiki-Dôkô vor. Diese Übungen sind einfach anzuwenden, die Wirkung ist nach kurzer Zeit spürbar und wer in den Genuss einer solchen Behandlung kommt, erlebt Reiki-Wellness pur.

Reiki-Dôkô für das eigene Energiesystem

Wenn Sie Qi Gong, Taichi, Ninjutsu oder Aikido praktizieren, wird der Energiefluss durch körperliche und geistige Übungen angeregt und entwickelt. Das führt zu Vitalität, Entspannung und Ausgeglichenheit. Somit gibt es in diesen Wegen auch die Kunst des Dôkô, mit der der Energiefluss entwickelt wird.

Mit der Einweihung in Reiki steht Ihnen die Energie, die sonst über Jahre entwickelt wird, von Anfang an zur Verfügung. Üben Sie sich in Reiki-Dôkô, wird der Reiki-Energiefluss innen und außen gestärkt.

Reiki-Dôkô hilft uns, durch Bewegung die Aufnahme der Lebensenergie zu verstärken und regt die Aktivität an. Auch der Innere Heiler, eine jedem Menschen innewohnende Teilpersönlichkeit, wird damit angeregt, für sich und andere zu sorgen. Die Motivation steigt, sich mehr Zeit für sich selbst zu nehmen und die Dinge zu tun, die gut für einen selbst und für andere sind.

Wie Sie schon im vorherigen Kapitel erfahren haben, wird die Reiki-Kraft durch die Gasshô-Haltung verstärkt. Aus den gefalteten Händen kommt Reiki und gleichzeitig wird die Reiki-Kraft verstärkt eingezogen, was zu mehr als nur einer Verdopplung der Kraft führt. Auch wenn Sie von mehreren Menschen gleichzeitig Reiki bekommen, sind Sie in erheblich kürzerer Zeit wieder auf den Beinen. Je mehr Reiki fließt, desto höher ist die Wirkung.

Auch bei der geheimen Reiki-Dôkô-Übung kombinieren wir die bisherigen Reiki-Geheimtechniken mit der neuen Übung, damit Sie als einzelne Person so viel Reiki-Kraft durch Ihre Hände leiten können, als würden Sie mit mehreren Händen behandeln. Zunächst einmal stärken wir mit der Reiki-Dôkô-Gasshô-Meditation den Kraftfluss und aktivieren die Chakras.

Reiki-Dôkô-Gasshô-Meditation

- ॐ Beginnen Sie die Meditation mit dem Kaji-Ritual in der Gasshô-Position und verneigen Sie sich. Heben Sie die Gasshô-Handhaltung mit den Fingern zum Stirnchakra und berühren Sie es leicht. **(Bild 1 + 2)**
- ॐ Führen Sie die Hände in Gasshô zurück zum Herzen. **(Bild 3)**
- ॐ Atmen Sie die Reiki-Kraft als goldenes Licht über Ihr Kronenchakra einige Male tief ein und stellen Sie sich vor, wie die Reiki-Kraft beim Ausatmen als goldenes Licht aus Ihren Händen strömt und die jeweils andere Hand sowie Ihr Herzchakra aufflammen lässt.
- ॐ Wiederholen Sie diese Atmung neun Mal.
- ॐ Bewegen Sie mit dem nächsten Ausatmen Ihre Hände in Gasshô zum Wurzelchakra, indem Sie sie in einem Bogen im Halbkreis nach vorne und nach unten bewegen. Dort angekommen sollten die Fingerspitzen nun Richtung Boden zeigen. **(Bild 4 – 6)**
- ॐ Bewegen Sie Ihre Hände in Gasshô mit dem Einatmen wieder zurück zum Herzen. **(Bild 7 – 9)**
- ॐ Wiederholen Sie die letzten beiden Schritte 27 Mal oder 108 Mal oder ein Vielfaches davon.
- ॐ Beenden Sie die Meditation mit dem Kaji-Ritual.

DIE FÜNFTE REIKI-GEHEIMTECHNIK

Bei dieser Reiki-Geheimtechnik bringt man die Kraft des Herzens zum ersten Chakra. Das Wurzelchakra erhält die harmonisierende Energie des Herzens. Das Herzchakra wird von der Vitalität und Dynamik des Wurzelchakras gestärkt. Mit der Reiki-Berührung des ersten und vierten Chakras werden die Fähigkeiten „gerade heute nett zu seinen Mitmenschen zu sein" und „sich gerade heute nicht zu ärgern" einander ausgeglichen.

Auf dem Weg dorthin und zurück kommen die Hände auch am zweiten und dritten Chakra vorbei, die dadurch in ihrer Tätigkeit einerseits angeregt und andererseits über den Bogen der Hände geschützt werden.

Jedes Mal, wenn die Hände vor dem Herzen ankommen, wird das Halschakra von den Fingerspitzen berührt. So wird die Möglichkeit des Ausdrucks gegeben. Außerdem wird durch die nach vorne weisenden Fingerspitzen einiges an Reiki-Kraft in die Aura geleitet, so dass die einzelnen Lebensthemen der Chakras über die Themen der Aurafelder körperlich, emotional, mental und spirituell mit der Umwelt kommuniziert werden können.

Reiki-Dôkô in Behandlungen

Üblicherweise wird Reiki als Handauflegen direkt auf den Körper oder mit etwas Abstand praktiziert. Um das körperliche Wohlbefinden zu fördern, werden die Hände bei akuten Problemen auf oder über die betroffenen Körperstellen gehalten. Geht es darum, chronische Beschwerden zu behandeln, bieten sich die Ganzkörperbehandlung und Mentalheilung im Allgemeinen und die Behandlungen der Symptome und Reflexzonen im Besonderen an. Außerdem ist es nützlich, gezielt auf Ursache und Auslöser einzuwirken, um langfristige Ergebnisse zu gewährleisten. Denn sonst würde der Klient alle paar Wochen mit den gleichen Leiden wiederkommen, obwohl bereits eine Besserung aufgetreten war.

Die Systematische Chakraarbeit aus dem ersten Grad des Rainbow Reiki ist dafür sehr gut geeignet. Dazu werden auch die Reiki-Wolkenhände benutzt, die eine Form des Reiki-Dôkô darstellen. Die ursachenbezogenen Chakras werden mit etwa ein bis zwei Handbreit vom Körper entfernt gehaltenen Händen behandelt, mit denen man hin- und herwippt, als würde man ganz sachte mit Watte spielen. Legt man die Hände direkt auf den Körper, wird dieser bevorzugt Reiki einziehen. Hält man genügend Abstand, können die entsprechenden Chakras Reiki einziehen und diese Energie dann an die zum Thema passenden Bereiche des Seins weiterleiten.

So geht es bei den Reiki-Dôkô-Heil-Anwendungen in erster Linie um die Energiearbeit in der Aura und den Chakras, ohne den Körper dabei zu berühren. Aura und Chakras werden damit aktiviert und der Reiki-Kraftfluss gestärkt. Je mehr Sie dabei in Fluss kommen, desto intensiver wird die Fähigkeit der feinstofflichen Wahrnehmung von Energien. Diese Form der Energiearbeit mit Reiki ist etwas sehr Schamanisches. Der schamanische Hintergrund des Reiki ist bereits in den japanischen Schriftzeichen für Reiki ersichtlich. Das Schriftzeichen *rei* 靈 zeigt in seiner bildlichen Darstellung nämlich eine Schamanin, die zum Himmel betet, dass es regnen möge. Das Beten beinhaltet neben Worten auch rituelle Gesten. Kommt der vom Himmel gesegnete Regen auf die Erde herab, ist das wie ein sanftes Trommeln. Die Saat in der Erde wird durch die Vereinigung mit der Erde belebt. Das Beleben der Saat zeigt das Schriftzeichen *ki* 氣, wo unter dem Zeichen für eine unbestimmte Energieform das Zeichen für Reis steht. Reis und Energie erwecken neues Leben.

So ist in den Reiki-Schriftzeichen bereits der Weg der Schamaninnen und die Trommel als kraftspendendes Ritualgerät enthalten. Schamanen benutzen seit uralter Zeit die Trommel als Heilungs- und Ritualgerät. Über sie wird auch der germanische Donnergott Thor und der shintoistische Sturmgott Susa no Ô herbeigerufen.

Trommeln im Reiki-Dôkô

Beim Trommeln ist das Innere Kind, das Körperbewusstsein, sehr aktiv. Das Innere Kind ist der Teil in uns, der den Rhythmen des Kosmos lauscht und unser Herz schlagen lässt. Wir werden verzaubert von den wunderbaren Klängen und Rhythmen, sie öffnen uns für die mystische Welt der Heilung.

Wenn Sie eine Trommel haben, probieren Sie einfach einmal die folgende Übung aus. Sie werden staunen, was sich alles in Ihren Händen tut!

Trommelübung

- ॐ Beginnen Sie mit dem Kaji-Ritual in der Gasshô-Position und verneigen Sie sich. Heben Sie die Gasshô-Handhaltung mit den Fingern zum Stirnchakra und berühren Sie es leicht.
- ॐ Führen Sie die Hände in Gasshô zurück zum Herzen.
- ॐ Legen Sie Ihre Hände auf die Trommel und spielen Sie auf ihr, als würden Sie dem Regen lauschen.
- ॐ Spielen Sie, solange Sie Lust haben.
- ॐ Halten Sie Ihre Hände einen Moment lang etwa fünf Zentimeter über der Trommel und spüren Sie die pulsierende Kraft in Ihren Händen.
- ॐ Beenden Sie die Übung mit dem Kaji-Ritual.

Nachdem man eine Runde getrommelt hat, merkt man in den Händen ein Kribbeln, Pulsieren, enorme Hitze und ein Energiefeld um die Hände herum. Wenn man Reiki gibt und viel Reiki eingezogen wird, fühlt sich das manchmal ganz ähnlich an.

Die Hände und ihre Chakras werden durch das Trommeln aktiviert. In ihnen entwickeln sich sensible „Augen", mit denen man unterschiedliche feinstoffliche Energien wahrnehmen kann, sowohl bei sich als auch bei der Behandlung anderer.

Die oben beschriebene Geheimtechnik ist eine Vorbereitung auf das Reiki-Trommeln, wo nach dem Trommeln der Trommel die Aura des Partners sanft getrommelt wird. Sicherlich wissen Sie dies bald zu schätzen. Wenn Sie nach dem Trommeln die Aura glatt streichen oder in ihr trommeln, kann sie Reiki besser einziehen und wird sensibilisiert. Mit den Händen können Sie Dinge wahrnehmen, die sonst nur schwer zugänglich sind.

Trommeln hilft die eigenen Bedürfnisse zu fördern und Kraft zu tanken. Die Rhythmen und Klänge sind dafür da, das zu hören, was wir brauchen. Man hört wieder den eigenen Herzschlag und erkennt sich selbst. Schwingt wieder in den freien Rhythmen der Natur, um das verlorene und vergessene Wissen und Energie zu holen. Dieses Geheimnis von Trommel und Reiki, das Junghee in ihrer schamanischen Trommel erkannt hat, möchten wir Ihnen in diesem Kapitel verraten.

Mit dem geheimen Reiki-Dôkô-Aura-Trommeln werden unbrauchbare Energien, die in der Aura festhängen, gelockert und ausgeschwemmt. Festsitzende Blockaden können durch regelmäßige Anwendung nach und nach gelöst werden.

Die Bewegungen sollen so natürlich wie möglich und sanft ohne Zwang ablaufen. Nützlich ist es, sich intuitiv führen zu lassen. Das funktioniert besonders gut mit der Hara-Atmung. Sobald man den Verstand einschalten möchte, wird es nicht mehr die höchste Wirkung haben. Das Innere Kind, welches die Intuition im Menschen steuert, kann die Hände so bewegen, wie es gerade passend ist. Das gilt sowohl für die Trommel als auch für das Trommeln in der Aura.

Trommelübung mit Partner

- ॐ Beginnen Sie mit dem Kaji-Ritual in der Gasshô-Position. **(Bild 1 + 2)**
- ॐ Führen Sie Ihre Hände auf die Trommel. Spielen Sie auf ihr, als würden Sie dem Regen lauschen. **(Bild 3)**
- ॐ Wenn Sie gut im Fluss sind und die Reiki-Kraft in Ihren Händen spüren, lösen Sie die Hände von der Trommel und widmen sich der Aura Ihres Partners. **(Bild 4)**
- ॐ Trommeln Sie in einem Bereich der Aura, oder in der Richtung, als ob Sie sie glatt streichen würden. **(Bild 5 + 6)**
- ॐ Beenden Sie die Übung mit dem Kaji-Ritual.

DIE FÜNFTE REIKI-GEHEIMTECHNIK

Sensibilisierung
(Binkan-reiki-hihô)

Die sechste Reiki-Geheimtechnik:

Sensibilisierung (*Binkan-reiki-hihô* 敏感靈氣秘法)

Mit der sechsten Reiki-Geheimtechnik ist es möglich, die Sensibilität in den Handchakras noch weiter zu verstärken. Besonders lohnt sich das jetzt, nachdem Sie die vorherigen Verstärkungsübungen schon praktiziert haben. Wenn Sie diese Übung regelmäßig für einige Monate praktizieren, werden Sie bald merken, wie bei Ihren Behandlungen die Wahrnehmung in Ihren Händen steigt. Das kann sich zum Beispiel darin bemerkbar machen, dass Sie beim Glattstreichen der Aura fühlen, wo es Blockaden gibt und wo Sie besonders intensiv behandeln sollten.

Technik zur Sensibilisierung der Hände

- 🕉 Beginnen Sie mit dem Kaji-Ritual.
- 🕉 Kreisen Sie mit dem Finger der einen Hand in ein bis zwei Zentimeter Entfernung über dem Handteller der anderen Hand und spüren Sie, was Sie wahrnehmen.
- 🕉 Ändern Sie die Richtung immer wieder und spüren Sie, wie es sich anfühlt, wenn Sie den Finger mal langsam und mal schnell bewegen.
- 🕉 Atmen Sie zusätzlich tief in den Bauch und spüren Sie, ob sich nun etwas ändert.
- 🕉 Fahren Sie nun mit dem Finger mit etwas Abstand über die anderen Finger und spüren Sie, was Sie dabei wahrnehmen.
- 🕉 Wechseln Sie dann die Hand und fangen wieder oben bei Schritt zwei an.
- 🕉 Beenden Sie die Übung mit dem Kaji-Ritual.

Sicherlich haben Sie die eine oder andere Wahrnehmung in der Hand und in den Fingern gehabt. Über das Chakra der Fingerbeere geben Sie dem Bereich Reiki, den Sie sensibilisieren möchten. Den Strahl, der aus dem Finger kommt, nimmt man oft als ein Kribbeln wahr. Diese Art der Sensibilisierung hilft Ihnen, während einer Behandlung sehr feine Impulse beim Handauflegen oder in der Aura wahrzunehmen, um dann entsprechend gezielt behandeln zu können. Sowohl die Finger als auch die Handchakras werden durch diese Übung sehr feinfühlig.

Wahrnehmungsübung mit Partner

Später, wenn Sie schon um einiges sensibler geworden sind, können Sie die gleiche Geheimtechnik auch an jeder beliebigen Körperstelle anwenden. Fortgeschrittene können diese Übung auch zu zweit und aus mehreren Metern Abstand machen und mit geschlossenen Augen spüren, wo sich der Partner gerade aufhält.

Übrigens: Je energetisch klarer das Umfeld ist, desto besser wird Ihre feinstoffliche Wahrnehmung funktionieren und desto leichter lässt sich die Sensibilität für solche Energien entwickeln. Ein stimmungsvoll eingerichteter Raum und gutes Rainbow Reiki-Fengshui mit den Reiki-Symbolen und Lichtwesen, Räucherungen und schamanische Trommelritualen helfen dabei, das Raumklima und die Schwingung zu erhöhen. So erleben wir es immer wieder, dass sich die Aura, Lichtwesen und andere Energien in derart vorbereiteten Räumen viel plastischer wahrnehmen lassen. Spüren Sie sich einmal in solche Räume vor und nach der Energetisierung hinein: Erscheint der Raum eher hell oder eher dunkel, ist die Stimmung eher warm oder eher kalt?

Wenn Sie die Unterschiede spüren, ist das der erste Schritt, um Ihre feinstoffliche Wahrnehmung so zu erhöhen, dass Sie für diese Dinge sensibel werden. Sie wissen dann auch, wann eine Reinigung notwendig ist und was der Raum braucht.

Sensibel zu sein für das, was Ihre Persönlichkeit fördert, baut Ihre Fähigkeit weiter auf. Sie lernen dadurch, sich besser von den Dingen zu trennen, die Sie hindern, glücklich zu sein.

Mit der Zeit werden Sie einfach spüren, was passend ist. Die Sensibilisierung ist dafür da zu erkennen, was man für die Heilung braucht, um entsprechend handeln zu können.

Die fortschreitende Sensibilisierung durch die Reiki-Kraftverstärkungsübungen hilft Ihnen, „Holzwege" in Ihrem Leben zu erkennen und die Weichen neu zu stellen. So lernen Sie, nicht immer wieder über die gleichen Probleme zu stolpern und mehr und mehr auf die Personen zu treffen, die es wirklich gut mit Ihnen meinen.

Junghee ist während ihrer Ausbildung zur Rainbow Reiki-Meisterin so sensibel geworden, dass sie bei Behandlungen mit dem ganzen Körper auf verschiedene Energien reagiert. Im Extremfall kommt sie in Ekstase und ihr Körper schwebt halb über dem Boden. Das mag wie ein aufregender Nebeneffekt klingen, hat aber den Nutzen, dass sie bei Behandlungen ganz feinfühlig von ihrem Inneren Kind geleitet wird und dann das tun kann, was für die Heilung notwendig ist. Das kann geschehen, wenn man sich über sein Körperbewusstsein leiten lässt.

Usui-Mudra zur Verfeinerung der Wahrnehmung

An dieser Stelle möchten wir Ihnen noch die Usui-Mudra vorstellen. Diese Mudra unterstützt die Verfeinerung der Energiewahrnehmung und ist auch zur punktuellen Behandlung bestimmter Körperbereiche geeignet.

Usui-Mudra mit Partner

ॐ Nehmen Sie die Hände wie auf dem Foto gezeigt in die Usui-Mudra und bewegen Sie die drei zusammengelegten Finger leicht vor dem Handtellerchakra Ihres Partners hin und her.

Spirituelles NLP
zur Steigerung der Feinstofflichen Wahrnehmung mit Reiki

Im Zusammenhang mit der sechsten Reiki-Geheimtechnik zur Sensibilisierung gibt es noch eine Möglichkeit, wie man es befördern kann, Lichtwesen und andere märchenhafte Dinge mit allen fünf Sinnen zu erleben.

Vielleicht kennen Sie solche Situationen aus Ihrer Kindheit:

Ein Kind hat Angst vor Geistern, die zum Beispiel immer wieder im Keller auftauchen. Dort ist es dunkel und man kann nur schwer sehen. Viele Eltern sehen dieses Wesen nicht und sagen, dass es so etwas nicht gibt.

Wenn man dem Kind einredet, dass es gar keine Geister gibt, beängstigt man es nur umso mehr, weil es ja tatsächlich etwas wahrnimmt. Verstärkt wird dieser Effekt dadurch, dass es zwar die Präsenz dieses feinstofflichen Wesens spürt, es jedoch nicht greifen und beschreiben kann. Die Angst vor dem Unbekannten tritt auf.

Viele Erwachsene haben Angst davor, ihren Weg im Leben zu gehen. Sie fürchten sich vor dem, was hinter der nächsten Kurve kommt. Wenn man zu viel Angst hat, entscheidet man irgendwann, nicht mehr weiterzugehen. Die Ursache dafür ist häufig, dass man als Kind nicht gelernt hat, mit der Angst umzugehen.

Wenn die Eltern ihrem Kind beigebracht hätten, wie man das unbekannte Wesen deutlich greifbar macht, hätte das Kind nicht so große Angst durchlebt. Mit einer einfachen Technik aus dem Spirituellen NLP kann man über die fünf Sinne ein solches geisterhaftes Wesen genau wahrnehmen lernen, indem man fragt: „Wenn das, was ich hier wahrnehme, eine Form hätte, welche wäre das?" Auf die gleiche Weise fragt man über die anderen Sinne weiter, bis das Kind schließlich zum Beispiel ein großes braunes zotteliges Wesen mit violetten Augen und einer Pinocchio-Nase vor sich hat, mit dem es dann schließlich kommunizieren kann.

Man kann herausfinden, wie dieses Wesen heißt, warum es hier ist und ob man zusammen spielen möchte. Spätestens dann ist die Angst weg, weil es nun bekannt und greifbar ist. Je besser man etwas kennt, desto mehr schwindet die Angst und desto leichter fällt es, dieses Wesen an sein Herz zu lassen. So wird aus dem furchterregenden Geist ein guter Freund. Vielleicht ist es ja auch ein Engel.

Wird diese Fähigkeit nicht antrainiert, wird die feinstoffliche Wahrnehmung irgendwann unterdrückt und muss bei Bedarf Jahrzehnte später mühselig in Esoterik-Seminaren neu eingeübt werden.

Das Überwinden der Angst hilft Ihnen, in nahezu jedem Bereich Ihres Lebens erfolgreich zu werden. Reiki-Visualisation und Reiki-Atmung unterstützen Sie auf diesem Weg. Je genauer Sie Ihre Ängste analysieren, desto öfter werden Sie feststellen, dass sie gar nicht echt sind, weil viele von ihnen durch verschiedene Prägungen antrainiert wurden.

Das Lösen von Blockaden mit Rainbow Reiki und Spirituellem NLP

Um Ihre Fähigkeiten mit Reiki zu erweitern, können Sie die oben beschriebene Technik aus dem Spirituellen NLP auch in Ihre Reiki-Behandlungen einfließen lassen. Dies in eine spezielle Rainbow Reiki-Technik.

Lösen von Blockaden

- ॐ Beginnen Sie die Behandlung mit dem Kaji-Ritual in der Gasshô-Variation.
- ॐ Bevor Sie die Hände auflegen, stellen Sie in Gedanken die folgende Frage: „Wenn es eine Position bei meinem Partner gäbe, wo dieser eine Blockade hat, wo wäre diese?"
- ॐ Legen Sie dann ohne nachzudenken Ihre Hände irgendwo auf.
- ॐ Fragen Sie nun: „Wenn diese Blockade unter meinen Händen eine Form hätte, welche wäre das?" Die erste Form, die Ihnen spontan einfällt, ist genau richtig.
- ॐ Fragen Sie auf die gleiche Weise nach dem Geruch, Geschmack, Klang und der Oberflächenbeschaffenheit.
- ॐ Stellen Sie sich vor, wie das goldene Leuchten mit dem Einatmen über Ihr Kronenchakra in Sie einströmt und mit dem Ausatmen aus Ihren Händen heraussprudelt.
- ॐ Sowie die Blockade von dem goldenen Licht berührt und umhüllt wird, löst sie sich mit jedem Atemzug mehr und mehr auf, bis sie schließlich ganz verschwunden ist.
- ॐ Behandeln Sie nun wie gewohnt weiter oder suchen Sie eine weitere Blockade auf die gleiche Weise.
- ॐ Beenden Sie die Behandlung mit dem Kaji-Ritual.

7

Reiki-Behandlungen mit Heilsteinen

(Reiki-suishô-hihô)

Die siebte Reiki-Geheimtechnik:

Reiki-Behandlungen mit Heilsteinen
(*Reiki-suishô-hihô* 靈氣水晶秘法)

Von Usui Sensei wissen wir, dass er die Gasshô-Meditation mit Bergkristallen durchgeführt und seinen Klienten von ihm energetisch aufgeladene Heilsteine zur Behandlung mitgegeben hat. Man kann Heilsteine aufgrund ihrer die Reiki-Kraft ergänzenden Eigenschwingungen sehr gut verwenden, um den Kraftfluss zu stärken, die Sensibilität zu fördern und um heilvolle Schwingungen im Geist des Anwenders zu erzeugen.

Integriert man Heilsteine in eine Behandlung, bekommt sowohl der Heilstein als auch der Partner Reiki. Sowie der Heilstein von Reiki berührt wird, steigt seine Heilschwingung und damit auch die Reichweite bis tief ins Gewebe oder Energiesystem. Die Schwingung des Heilsteins trägt dann sowohl seine eigenen Heilenergien als auch die Reiki-Kraft zum Partner. Um diesen Effekt zu erzielen, brauchen Sie bei der Meditation einen Heilstein nur zwischen die Hände zu nehmen oder bei der Behandlung zwischen Ihre Hände und den Körper Ihres Partners zu legen.

Durch die Berührung des Heilsteins mit dem Handtellerchakra wird dieses aktiviert und angeregt, mehr Reiki einzuziehen. Je nachdem, um welchen Heilstein es sich handelt, werden sogar unterschiedliche Wahrnehmungsebenen im Handtellerchakra entwickelt. Es lohnt sich also, immer wieder mit anderen Heilsteinen zu arbeiten.

Generell kann man so gut wie jeden Heilstein für eine Reiki-Behandlung oder zum Meditieren verwenden, sofern er thematisch mit dem Anliegen des Klienten oder einem selbst zu tun hat. Unabhängig davon gibt es einige Heilsteine, die sich für die Verstärkung des Reiki-Flusses und die Sensibilisierung und das Lernen der Handtellerchakras besonders gut eignen.

Bergkristall

Insbesondere der Bergkristall ist für Reiki-Behandlungen geeignet. Seine Klarheit fördert beim Reiki-Geben die Intuition, zur rechten Zeit das Rechte zu tun. Er regt die Handtellerchakras an und reinigt über sie den Geist von Benebelung, wenn es darum geht, etwas zu begreifen.

Bei Menschen, deren Handtellerchakra noch wenig entwickelt ist, fördert der Bergkristall durch vermehrtes Einziehen von Reiki die Vitalität und Wahrnehmung auf körperlicher, emotionaler, mentaler und spiritueller Ebene. Es ist sehr nützlich, ihn in Reiki-Behandlungen zu integrieren. Probieren Sie doch einfach einmal aus, wie es ist, wenn Sie mit oder ohne

Bergkristall behandeln. Beginnen Sie eine solche Übung immer mit dem Kaji-Ritual und einer kurzen Gasshô-Meditation mit dem Kristall zwischen den Händen, um den Kristall aufzuwärmen und zu energetisieren, damit er sich für Ihren Partner nicht so kalt anfühlt und gleich von Beginn an in Kombination mit Reiki die gewünschten verstärkenden Wirkungen hat. Selbstverständlich sollten Sie vor und nach einer Behandlung den Kristall energetisch reinigen.

Sonnenstein

Der zweite für Reiki wichtige Heilstein ist der Sonnenstein. Das ist der Stein des Dainichi Nyorai. Er hilft auch, die Lebensregeln von Usui Sensei auf konstruktive Weise in unser Leben zu integrieren. Wenn Sie die Lebensregeln einfach nur hören, denken Sie vielleicht, wie schön es doch wäre, wenn Sie sich tatsächlich Tag für Tag an sie halten könnten. Normalerweise funktioniert das auch so lange, bis einem etwas dazwischen kommt. Die Fähigkeit, die Lebensregeln dauerhaft einzuhalten, kann fast schon wie die Erleuchtung selbst erscheinen. Bemühen Sie sich jedoch allzu sehr, sie einzuhalten, machen Sie sich vielleicht wiederum Sorgen, es nicht zu schaffen, oder Sie ärgern sich darüber, wenn es nicht klappt – und damit verfehlt man genau ihre Intention.

Zu den sieben Reiki-Geheimtechniken gehört auch eine Methode, wie Sie selbst in den düsteren Jahreszeiten oder bei regnerischem Wetter voll in Ihrer Kraft schwelgen können und ein sorgenfreies Gemüt fördern. Dafür eignet sich die Gasshô-Meditation mit dem Sonnenstein. Der Sonnenstein macht optimistisch und lenkt die Aufmerksamkeit zu den eigenen Stärken und Möglichkeiten, wie man konstruktiv mit verschiedenen Lebensthemen umgehen kann. Mit ihm lassen sich Angst, Sorgen und Depressionen überwinden und das Gemüt aufhellen.

Sonnenstein-Gassho-Meditation

- ॐ Nehmen Sie einen Sonnenstein zwischen Ihre Hände in Gasshô.
- ॐ Beginnen Sie die Meditation mit dem Kaji-Ritual.
- ॐ Atmen Sie die Kraft des Sonnenstein als goldenes Licht über Ihre Hände ein.
- ॐ Atmen Sie die Reiki-Kraft beim Ausatmen über die Hände in den Sonnenstein.
- ॐ Beenden Sie die Meditation mit dem Kaji-Ritual.

Schwarzer Turmalin (Schörl)

Der Schwarze Turmalin ist der stärkste Verstärker für den Reiki-Kraftfluss. Er hat ähnliche Wirkungen wie Reiki selbst. Er wirkt entspannend, flutet das Gewebe mit Lebensenergie, so dass Schmerzen gelindert und Blockaden gelöst werden. Außerdem hellt er das Gemüt auf, indem er negative Gedankenenergien transformiert und so gleichzeitig Stress vermindert. Er ist besonders geeignet für die Behandlung von Narben und getrennten Meridianen, um diese wieder mit dem Fluss von Lebensenergien zu verbinden.

Turmalin-Reiki-Gasshô-Behandlung

- ॐ Nehmen Sie einen schwarzen Turmalin zwischen Ihre Hände in Gasshô.
- ॐ Beginnen Sie mit dem Kaji-Ritual. (Bild 1 – 3)
- ॐ Atmen Sie die Kraft des Turmalins als goldenes Licht über Ihre Hände ein.
- ॐ Atmen Sie die Reiki-Kraft beim Ausatmen über die Hände in den Turmalin.
- ॐ Wiederholen Sie die letzten beiden Schritte 27 Mal oder 108 Mal.
- ॐ Legen Sie den Turmalin nun auf vernarbtes oder wenig energetisiertes Gewebe wie etwa kalte Stellen am Körper und legen Sie Ihre Hände darüber. (Bild 4 – 6)
- ॐ Lenken Sie die Aufmerksamkeit beim Einatmen auf Ihren Scheitel und stellen Sie sich vor, wie goldenes Licht in Sie strömt.
- ॐ Lenken Sie die Aufmerksamkeit beim Ausatmen auf Ihre Hände mit dem Turmalin und stellen Sie sich vor, wie das goldene Licht aus Ihren Händen über den Turmalin in das Gewebe fließt.
- ॐ Sie können den Effekt nochmals verstärken, wenn Sie beim Ausatmen durch den Mund Ihre Hände anpusten und sich vorstellen, wie Ihr Atem durch Hände und Turmalin in das Gewebe einströmt.
- ॐ Beenden Sie die Meditation mit dem Kaji-Ritual.

Rubin

Der vierte für Reiki wichtige Heilstein ist der Rubin. Benutzt man Rubin in der Meditation oder bei Behandlungen, hilft er Dynamik, Kraft, Lebensfreude und Mut zu entwickeln. Das sind besonders nützliche Qualitäten zur Verwirklichung großer Schritte im Leben. Mit der folgenden Geheimtechnik wird Ihnen das leicht gelingen.

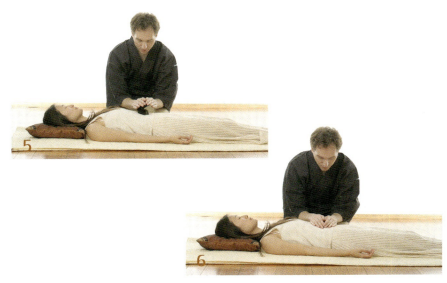

Das ist die Reiki-Dôkô-Gasshô-Meditation mit dem Rubin:

- ॐ Nehmen Sie einen Rubin zwischen die Hände und beginnen Sie mit dem Kaji-Ritual. (Bild 1 + 2)
- ॐ Denken Sie während der gesamten Übung so oft Sie können an Ihr Thema.
- ॐ Atmen Sie die Reiki-Kraft als goldenes Licht über Ihr Kronenchakra einige Male tief ein und stellen Sie sich vor, wie beim Ausatmen goldenes Licht aus beiden Händen in den Rubin und die jeweils andere Hand strömt.
- ॐ Wiederholen Sie diese Atmung neun Mal.
- ॐ Bewegen Sie mit dem nächsten Ausatmen Ihre Hände in Gasshô zum Wurzelchakra, indem Sie sie in einem Bogen im Halbkreis nach vorne und unten bewegen. Dort angekommen sollten die Fingerspitzen nun Richtung Boden zeigen. (Bild 3 + 4)
- ॐ Bleiben Sie drei Atemzüge lang beim Wurzelchakra und atmen Sie die Kraft des Rubins darüber ein. Stellen Sie sich beim Ausatmen jeweils vor, wie sich die Kraft des Rubins in Ihrem Wurzelchakra ausbreitet.
- ॐ Bewegen Sie Ihre Hände in Gasshô mit dem Einatmen wieder zurück zum Herzen. (Bild 5)
- ॐ Wiederholen Sie die letzten drei Schritte neun Mal.
- ॐ Bleiben Sie drei Atemzüge lang beim Herzchakra und atmen Sie die Kraft des Rubins darüber ein. Stellen Sie sich beim Ausatmen jeweils vor, wie sich die Kraft des Rubins in Ihrem Herzchakra ausbreitet.
- ॐ Bewegen Sie Ihre Hände in Gasshô mit dem Ausatmen vor Ihr Stirnchakra. (Bild 6)
- ॐ Bleiben Sie drei Atemzüge lang beim Stirnchakra und atmen Sie die Kraft des Rubins darüber ein. Stellen Sie sich beim Ausatmen jeweils vor, wie sich die Kraft des Rubins in Ihrem Stirnchakra ausbreitet.
- ॐ Bewegen Sie Ihre Hände in Gasshô mit dem Einatmen wieder zurück zum Herzen.
- ॐ Wiederholen Sie die letzten drei Schritte neun Mal.
- ॐ Bleiben Sie drei Atemzüge lang beim Herzchakra und atmen Sie die Kraft des Rubins darüber ein. Stellen Sie sich beim Ausatmen jeweils vor, wie sich die Kraft des Rubins in Ihrem Herzchakra ausbreitet.
- ॐ Bewegen Sie Ihre Hände in Gasshô mit dem Ausatmen zum Kronenchakra. (Bild 7)

HEILSTEINE

- ॐ Bleiben Sie drei Atemzüge lang beim Kronenchakra und atmen Sie die Kraft des Rubins darüber ein. Stellen Sie sich beim Ausatmen jeweils vor, wie sich die Kraft des Rubins in Ihrem Kronenchakra ausbreitet.
- ॐ Bewegen Sie Ihre Hände in Gasshô mit dem Einatmen wieder zurück zum Herzen.
- ॐ Wiederholen Sie die letzten drei Schritte neun Mal.
- ॐ Bleiben Sie drei Atemzüge lang beim Herzchakra und atmen Sie die Kraft des Rubins darüber ein. Stellen Sie sich beim Ausatmen jeweils vor, wie sich die Kraft des Rubins in Ihrem Herzchakra ausbreitet. **(Bild 8)**
- ॐ Beenden Sie die Reiki-Dôkô-Meditation mit dem Kaji-Ritual.

Wenn Sie sich mit dieser Geheimtechnik länger beschäftigen, werden Sie merken, dass Sie sich irgendwann leicht und frei fühlen werden. Die Zeit kann sowohl schnell vorbeigehen als auch an eine Ewigkeit der Wonne erinnern. Reiki-Dôkô hilft Ihnen, mit dem Rubin in einen tiefen meditativen Zustand zu gelangen und sich so für die Heilung Ihres Themas zu öffnen.

Das Wurzelchakra schenkt Ihnen dabei die Kraft und Dynamik, Ihr Ziel zu erreichen. Das Herzchakra fördert die Liebe zu Ihnen selbst, das auch tun zu wollen. Diese beiden Qualitäten geben dem Stirnchakra die Kraft, den Plan langfristig zu verwirklichen. Und mit dem Kronenchakra werden diese Bereiche gut miteinander verbunden, so dass der spirituelle Plan verwirklicht werden kann.

Heilstein-Aura-Trommeln

Zum Abschluss dieses Kapitels möchten wir Ihnen noch eine Technik empfehlen, in der die sechste und die siebte Reiki-Geheimtechnik kombiniert werden. Unterstützend zum Trommeln wird für besonders wirkungsvolle Heilarbeit ein Heilstein mit einbezogen, der thematisch für Sie selbst oder für Ihren Partner passt.

Heilstein-Aura-Trommeln

- ॐ Ziehen Sie sich Baumwollhandschuhe an und stecken Sie zwischen Handschuh und Handtellerchakra einen ausgewählten Heilstein. **(Bild 1 + 2)**
- ॐ Beginnen Sie mit dem Kaji-Ritual.
- ॐ Halten Sie die Hände über ein zu behandelndes Chakra. **(Bild 3)**
- ॐ Machen Sie sanft die Reiki-Dôkô-Trommelbewegung. **(Bild 4 – 6)**
- ॐ Beenden Sie die Meditation mit dem Kaji-Ritual.

HEILSTEINE

1

2

3

4

5

6

Heilstein-Variation zur geheimen Kraftverstärkung mit Reiki

Diese Technik können Sie mit einem beliebigen Heilstein ausprobieren, um einen noch stärkeren und spezifischen Kraftfluss in Ihren Reiki-Behandlungen zu erzielen. Die Wirkung von Reiki und die des Steins wird dabei über die Visualisation von Licht und Farben nochmals intensiviert.

Heilstein-Technik zur Verstärkung des Kraftflusses

- ॐ Nehmen Sie einen beliebigen Heilstein zwischen Ihre Hände in Gasshô.
- ॐ Beginnen Sie mit dem Kaji-Ritual.
- ॐ Legen Sie den Heilstein auf die zu behandelnde Stelle und darüber Ihre Hände.
- ॐ Atmen Sie über Ihr Kronenchakra das goldene Licht ein.
- ॐ Atmen Sie über die Hände die Farbe des Heilsteins aus, so dass sich eine Lichtwolke in dem entsprechenden Körperbereich ausbreitet.
- ॐ Beenden Sie die Meditation mit dem Kaji-Ritual.

Nachwort

Es war uns eine Freude, die sieben geheimen Reiki-Techniken und ihre Varianten mit Ihnen teilen zu dürfen! Sicher werden auch Sie durch ihre regelmäßige Anwendung eine Verstärkung des Reiki-Kraftflusses und eine Verfeinerung der Wahrnehmung in Ihren Händen spüren.

Doch denken Sie immer daran: Die Tiefe liegt in der gründlich erforschten Einfachheit. Geben Sie nicht auf, wenn Sie eine Weile lang keine Fortschritte merken oder die „Wunder" ausbleiben. Stellen Sie sich zum höheren Wohl aller Beteiligten zur Verfügung – Sie können darauf vertrauen, dass eine Wirkung eintritt. Wundersame Nebeneffekte sind nicht das Wichtigste. Die Essenz liegt darin, beständig Ihren Reiki-Weg zu verfolgen.

Erzählen Sie auch Ihren Reiki-Freunden von den Geheimtechiken, gemeinsames Ausprobieren macht besonderen Spaß! Wir beide erleben immer wieder, wie die Zusammenarbeit uns beflügelt und noch mehr Energien freisetzt. Wenn Sie Fragen haben, können Sie uns auch gerne schreiben oder einmal unter www.markhosak.com im Forum auf der Internetseite unseres Reiki-Do Instituts Rhein-Neckar vorbeischauen. Gerne hören wir auch von Ihren Erfahrungen mit den sieben geheimen Reiki-Techniken.

Wir wünschen Ihnen alles Gute für Ihren weiteren Weg mit Reiki. Lassen Sie Ihr Inneres Kind spielen und nach Herzenslust probieren und trommeln, werden Sie frei, Heilung auf allen Ebenen in Ihrem Leben zuzulassen!

Mark Hosak und Junghee Jang

Glossar

A (Symbol): Symbol des Sonnenbuddhas Dainichi Nyorai in der Siddham-Schrift.

Advanced Metaphysical Healing: Advanced Metaphysical Healing (AMH) ist eine Weiterentwicklung von Reiki in Kombination mit NLP und Rückführungstherapie. AMH wurde von dem amerikanischen Reiki-Meister Duff Cady entwickelt. In erster Linie geht es darum, Wirbel dauerhaft ohne mechanische Eingriffe einzurenken und Muskeln dauerhaft zu entspannen.

Aura: Die Aura ist ein Energiefeld um den menschlichen Körper. Die Energie fließt spiralförmig von oben nach unten und geht über einen inneren Kreislauf unter anderem über Handteller und Fußsohlen eintretend wieder nach oben. Die Aura ist verbunden mit den Haupt- und Nebenchakras und weiteren Energieorganen. Sie unterstützt die energetische Entgiftung und ist Kommunikationsorgan für den Austausch von körperlichen, emotionalen, mentalen und spirituellen Energien mit der Umwelt. Auf diesen Ebenen können Energien zwischengespeichert werden. Als Bindeglied zwischen Außen- und Innenwelt bietet sie einen gewissen Schutz vor disharmonischen Einwirkungen.

Byôsen: Wahrnehmung in den Händen während der Reiki-Behandlung an einer Körperstelle oder in der Aura. Dabei kann Wärme, Hitze, Kribbeln, Pochen, Stechen gefühlt werden.

Chakra: Energiezentrum im Körper. Der indischen Philosophie nach gibt es sieben Hauptchakras: Wurzelchakra, Sakralchakra, Solarplexuschakra, Herzchakra, Kehlchakra, Stirnchakra und Kronenchakra. Jedes einzelne Chakra steht in engem Bezug zu Organen, Lebensthemen und archetypischen Teilpersönlichkeiten.

Channeling: Ein Channeling findet statt, wenn ein Lichtwesen durch einen Menschen spricht oder heilt. Der Mensch stellt sich beim Channeling als Medium (Channel bzw. Kanal) zur Verfügung. Die Botschaften werden dabei über außersinnliche Wahrnehmung empfangen und in Form von Gedanken, Gefühlen, Musik, Symbolen, Bildern, Texten, Heilungen, Tänzen und dergleichen ausgedrückt. Gechannelt werden können Schutzengel, Buddhas, Bodhisattvas, Elfen, Devas, Feen, Erzengel, Krafttiere, aufgestiegene Meister oder Götter und Göttinnen.

CR-Symbol: Abkürzung für eines der vier Reiki-Symbole aus dem traditionellen Usui-Reiki. Es ist weitgehend als Kraftverstärkungssymbol bekannt, hat aber noch viele weitere Funktionen und wird einzeln sowie in Kombination mit anderen Symbolen verwendet.

Dainichi Nyorai: Der Große Sonnenbuddha im Esoterischen Buddhismus. In den Mandalas der zwei Welten verweilt er im Zentrum des Kosmos. Er steht für die große Erleuchtung aller Buddhas. Der gesammte Kosmos wird von seinem Licht erleuchtet. Er ist die Quelle für die Reiki-Kraft. Beim Reiki-Geben wirkt der Große Sonnenbuddha durch den Behandler. Er wird näher vorgestellt in „Das große Buch der Reiki-Symbole" (Windpferd Verlag).

Dainichi Nyorai Kidô: Übersetzt „Der Weg der Lebensenergie des Großen Sonnenbuddhas". Entwickelt im Rahmen von Rainbow Reiki, mit eigenen energetischen Einweihungen. Übungen und Weg werden näher vorgestellt in „Das große Buch der Reiki-Symbole" (Windpferd Verlag).

Daoismus: Auch Taoismus. Spirituelle Tradition aus China. Man unterscheidet generell zwischen dem philosophischen Daoismus, wo es um alte Weisheitstexte und das Elixier des ewigen Lebens geht, und dem magischen Daoismus, wo Rituale, Heilungen und Channelings im Vordergrund stehen.

Diamantwelt: (jap.: *Kongôkai*) Mandala des Esoterischen Buddhismus, in dem Dainichi Nyorai, der Große Sonnenbuddha im Zentrum sitzt. Dieses Mandala wird gemeinsam mit dem Mutterschoßwelt-Mandala (jap.: *Taizôkai*) für verschiedene Rituale der japanischen Shingon-Schule des Esoterischen Buddhismus verwendet. Der Diamant steht dabei für die männlichen aktiven Aspekte und der Mutterschoß für die weiblichen.

DKM-Symbol: Abkürzung für das Meistersymbol im traditionellen Usui-Reiki. Es trägt eine Schlüsselfunktion bei den Reiki-Einweihungen, um Reiki zu lehren. In den buddhistischen Sutras steht es für die Große Erleuchtung. Dieses Symbol wird näher vorgestellt in „Das große Buch der Reiki-Symbole" (Windpferd Verlag).

Dôkyô: Japanische Lesung für den chinesischen Daoismus.

Einweihung: Ritual, mit dem man besondere spirituelle Fähigkeiten erhält, um etwa selber Reiki praktizieren zu können oder Rituale mit Symbolen und anderen Ritualgegenständen wirken zu lassen.

Fremdenergie(n): Energien, die nicht zum eigenen Individuum gehören und sich unter Umständen störend auswirken können.

Hara: Das Hara (auch Tandem genannt), die energetische Körpermitte, befindet sich etwa zwei Fingerbreit unterhalb des Bauchnabels und etwa genauso weit nach innen. Das Hara spielt in Heilmethoden und Kampfkünsten eine bedeutende Rolle, unter anderem bei der Ansammlung und Weiterleitung von Lebensenergien.

Hawayo Takata: 1900-1980, lernte in den 1930er Jahren Reiki bei Dr. Chujiro Hayashi in Japan und brachte es dann nach Hawaii. Von dort breitete sich Reiki nach ihrem Tod in der ganzen Welt aus.

Inneres Kind: Eine von drei Teilpersönlichkeiten aus der Huna-Tradition, welche im Rainbow Reiki für die außersinnliche Wahrnehmung und außersinnliche Handlungsfähigkeit zuständig ist.

Karma: Gesetz von Ursache und Wirkung.

Ki: Lebensenergie.

Kurama-Berg: Berg im Norden von Kyoto, auf dem Mikao Usui sein Erleuchtungserlebniss hatte, das ihn zur Gründung des Reiki-Systems führte.

Lichtwesen: Wesen ohne einen physischen Körper, wie etwa Engel, Feen, Krafttiere, die besondere Fähigkeiten haben.

Lübeck, Walter: Weltweit tätiger Reiki-Meister und Lehrer, Gründer des Rainbow Reiki und Buchautor (u.a. „Reiki, der Weg des Herzens", „Das Reiki-Handbuch", „Das große Buch der Reiki-Symbole" mit Mark Hosak, alle Windpferd Verlag).

Mandalas der zwei Welten: Das Mutterschoßwelt- und das Diamantwelt-Mandala des Esoterischen Buddhismus, die eine bedeutende Rolle bei Ritualen spielen.

Mantra: Spirituelle Silben oder Wortfolgen mit magischer Wirkung.

Meistersymbol: s. DKM-Symbol

Mikkyô: Japanisches Wort für den Esoterischen Buddhismus, der besonders bekannt für seine magischen Rituale und Kräfte ist.

Mondin: In Asien ist der Mond immer *yin,* also weiblich. In Europa war das ursprünglich genauso. Erst seit den Gebrüdern Grimm, die die deutsche Sprache weitgehend veränderten, ist „die Mondin" im deutschen Sprachgebrauch zu „der" Mond und „der Sonne" zu „die" Sonne geworden.

Mudrâ: Spirituelle Handhaltung bei Ritualen und Meditationen.

Mutterschoßwelt: s. Diamantwelt

Ninjutsu: Innere japanische Kampfkunst mit Schwerpunkt auf weichen Techniken, der Benutzung von Lebensenergie für Kampf und Heilung sowie der Verwendung magischer Rituale.

NLP: Neurolinguistisches Programmieren, begründet von John Grinder, einem Linguisten, und Richard Bandler, einem Psychologen. Weiterentwickelt von Virginia Satir (Familientherapie), Fritz Perls (Gestalt-Therapie) und Milton Erickson (Hypnosetherapie).

Weiterhin beeinflussten die Forschungen und Modelle des Kybernetikers Gregory Bateson das NLP. Spirituelles NLP nach Walter Lübeck ist eine Erweiterung des klassischen NLP, vgl. sein Buch „Spirituelles NLP", Windpferd Verlag.

Petter, Frank Arjava: Reiki-Lehrer und Buchautor. Lebte mehrere Jahre in Japan und veröffentlichte ab Mitte der 1990er Jahre die ersten Bücher zu den historischen japanischen Quellen des Reiki („Das Reiki-Feuer", „Das Erbe des Dr. Usui", „Das Original-Handbuch des Dr. Usui", „Reiki – ganz klar!", alle Windpferd Verlag).

Rainbow Reiki: Sorgfältig erforschtes traditionelles Usui-Reiki plus knapp 20-jährige Forschungs- und Weiterentwicklungsarbeit, gegründet von Walter Lübeck. Mit Rainbow Reiki lassen sich gezielte und systematische Behandlungen auf höchstem Niveau durchführen. Immer wird die Entwicklung der Persönlichkeit mit den Maximen von Liebe, Eigenverantwortung und Bewusstsein in den Vordergrund gestellt. Besonderer Schwerpunkt auf Schamanismus, Psychosomatik und dem Energiesystem des Menschen. Rainbow Reiki ist besonders unter Ärzten und Heilpraktikern eine wegen ihrer hohen Wirksamkeit beliebte Spezialrichtung des Reiki, die heute weltweit mit Schulen und Lehrern verbreitet ist.

Rainbow Reiki-Fengshui: Unterdisziplin des Rainbow Reiki, in die Reinigungsrituale aus dem chinesischen Fengshui und schamanistische Elemente wie Astralreisen eingeflossen sind, um Besetzungen oder Verwerfungen zu harmonisieren und Verstorbene in die Lichtreiche zu schicken.

Reiki Alliance: Internationaler Reiki-Verband, geleitet von Phyllis Lei Furumoto, der Enkelin von Hawayo Takata. Tradition in der Takata-Linie.

Shingon-Schule: Esoterisch-buddhistische Schule in Japan, im 9. Jahrhundert gegründet von dem Mönch Kûkai (744-835), mehr Information in „Das große Buch der Reiki-Symbole".

Shintô: Japanische animistische Urreligion, mehr Information in „Das große Buch der Reiki-Symbole".

SHK-Symbol: Abkürzung für eines der vier Reiki-Symbole des traditionellen Usui-Reiki, meist als Mentalheilungssymbol bekannt. Weitere Wirkungen sind in „Das große Buch der Reiki-Symbole" beschrieben.

Shugendô: Japanische Magie, mehr Information in „Das große Buch der Reiki-Symbole".

Spirituelle Lebensenergie: Übersetzung des japanischen Begriffs „Reiki".

Usui, Mikao: 1865-1926, Gründer des Usui-Systems zur natürlichen Heilung mit Reiki. Vgl. „Das Original Handbuch des Dr. Mikao Usui" (Windpferd Verlag).

Visualisation: Im Sehzentrum des Gehirns vorgestellte Wahrnehmung.

Weisheitsmudrâ Chiken in: Mudrâ des Dainichi Nyorai, detailliert beschrieben in „Das große Buch der Reiki-Symbole".

Yamaguchi-Linie: Reiki in der Linie der Familie Yamaguchi. Chiyoko Yamaguchi (1921-2003) lernte Ende der 1930er Jahre Reiki von Dr. Chujiro Hayashi. Heute unterrichtet ihr Sohn Tadao Yamaguchi „Jikiden Reiki", vgl. „Jikiden Reiki", (Windpferd Verlag).

Anmerkungen

[1] Kokugo Dai Jiten Dictionary. Shinsou-ban (Revised edition) © Shogakukan 1988. 国語大辞典（新装版）©小学館 1988.

[2] Vgl. Hanayama Shôyû. Mikkyô no subete. Tôkyô: PHP Kenkyû sho, 1994.
Vgl. Nakamura, Hajime. Bukkyô go daijiten. Tôkyô: Shukusatsu, 1985.

[3] Dr. Mikao Usui und Frank Arjava Petter: Original Reiki-Handbuch des Dr. Mikao Usui, Windpferd Verlag. In dieser Ausgabe benutzen wir für die Transkription die weltweit anerkannte und standardisierte Hepburn-Umschrift (jap.: Hebon-shiki Romaji). Der Teil „kyô dake ha" wird im Japanischen tatsächlich mit „ha" geschrieben, wobei im Falle eines Partikels wie hier die Umschrift „wa" ebenso möglich ist. Das japanische „wo" in „gô o hageme" wird in dieser Umschrift zu „o".

[4] Da Übersetzungen mit der Bedeutung von „Arbeit" in Umlauf sind, halten wir es nützlich als Quellen kurz einige Beispiele aus einem gängigen japanischen Lexikon wiederzugeben: Progressive Japanese-English Dictionary, Second edition © Shogakukan 1993. プログレッシブ和英中辞典 第2版 ©小学館 1993.
ごう【業】 [**Aussprache:** *gô*]
karma
業が深い be deeply sinful [**Aussprache:** *gô ga fukai*]
人間は業を背負って生きて行かねばならない Man must live carrying the burden of his karma. [**Aussprache:** *Ningen ga gô wo seotte ikite ikaneba narai*]

Wie die beiden Beispiele zeigen, steht *gô* immer alleine. Immer wenn es alleine steht, bedeutet es Karma.

Mit Aussprache *gyô* steht es in Kombination mit anderen *Kanji* (chinesischen Zeichen)
ぎょう【業】 [**Aussprache:** *gyô*]
  1 〔職業,仕事〕 [**Aussprache:** *shokugyô, shigoto;* **Bedeutung: Beruf, Arbeit**]
  2 〔学業〕 [**Aussprache:** *gakugyô;* **Bedeutung: Studium**]
  学業に励む *study* hard [**Aussprache:** *gakugyô ni hagemu*]
  3 〔接尾語として,事業〕 [**Aussprache:** *setsubigo toshite jigyô;* **Bedeutung: Betrieb als Suffix**]
  飲食業 *the* restaurant *business* [**Aussprache:** *inshokugyô*]

[5] Zuordnungen zu den Händen entnommen aus „*Mudras – Die Geheimsprache der Yogis*".

Autoren

Junghee Jang

Ich bin in Südkorea in einem kleinen Dorf geboren, das besonders bekannt für seine Erdbeeren und den schönen Sonnenuntergang ist.

Meine Eltern wollten unbedingt einen Sohn haben, was in einem konfuzianischen Land wie Korea ein ganz typischer Wunsch ist. Aber sie haben es nicht geschafft und stattdessen nur sechs Töchter zur Welt gebracht, von denen ich die fünfte bin.

In Korea ist es üblich, der Mutter die Schuld zu geben, dass sie keinen Sohn bekommen hat. Daher hatte meine Mutter immer Schuldgefühle, weshalb ich mir immer Sorgen um sie gemacht habe. Oft wünschte ich mir auch, ein Junge zu sein, damit meine Mutter nicht mehr diese Schuldgefühle zu haben braucht. Ihr Leben war als Frau und Ehefrau nicht unbedingt glücklich. Ihre wahre Fähigkeit liegt darin, den vielen Menschen auf schamanische Weise zu helfen, die sie um Rat fragen. Zu ihr haben sich schon immer viele Menschen hingezogen gefühlt. Jeder fühlt sich bei ihr wohl. Aber ihr Umfeld hat sie so geprägt, dass sie nicht so leben konnte, wie sie es sich gewünscht hätte. Sie lebt so, wie man es von ihr erwartet.

Ich habe mich immer gewundert, dass meine Mutter trotzdem immer gute Laune hat. Sie singt, wenn es ihr nicht so gut geht, sie tanzt, wenn es ihr besonders schlecht geht. Sie hat immer zu mir gesagt, „Es kommen immer wieder schöne Zeiten. Wut und Hass sollte man nicht lange im Herzen halten, sondern immer mit Lebensfreude herausbringen. Ich singe und lache, wenn es mir schlecht geht." Und so ging sie gern zu buddhistischen Tempeln und vielen Kraftorten ihrer Umgebung, wo sie wieder Kraft tankte. Dabei nahm sie mich meistens mit. Die schamanischen Lieder, das Tanzen und die Kraftorte haben sie gestärkt, damit sie in ihrem Alltag konstruktiv mit vielen Dingen umgehen kann. So ahnte ich seit meiner Kindheit die Kräfte des schamanischen Weges. Ich habe von meiner Mutter viel gelernt: so den geduldigen Umgang mit meinen Mitmenschen, eine positive Einstellung, wie man schwierige Zeiten überwinden kann und unendliche Mutterliebe.

Ich war das einzige ihrer Kinder, das gefühlvoll mit ihr kommunizierte und sie verstand. Ein feinfühliges Kind, das in vielen Situationen sensibel reagierte. Ich fühlte die Gefühle der anderen so wahrhaftig, dass ich sie bei mir selbst erlebe. Es gab niemanden in meiner Familie, der so mitfühlend geweint und laut und freudevoll gelacht hätte.

Ich tanze sehr gern, weil ich weiß, was Tanzen bedeutet. Das Leben erwacht zur Freude und zum Glück. Trauer und unterdrückte Gefühle kommen so zum Ausdruck, die durch Bewegungen und Rhythmen zum Licht transformiert werden. So wusste ich schon früh, was es bedeutet, in Rhythmen mitzuschwingen. Ich fühlte mich stark angezogen, als ich das erste Mal eine Trommel am eigenen Leib erlebte. Korea ist für seine außergewöhnlich alte Tradition der Trommel bekannt. Auf fast jedem Volksfest trommeln die Koreaner auf ihren traditionellen Trommeln und auch auf anderen Gegenständen und tanzen. Die Koreaner sind ein leidenschaftlicheres Volk als andere Nachbarvölker. Rhythmen und Klänge der Trommel, die das Leben zum Glück erwecken, haben verborgene Talente in mir erweckt, mir den Weg der Schamanin gezeigt, damit ich noch besser den Menschen Mitgefühl zeigen und ihnen helfen kann, ihren eigenen Lebensweg zu gehen, so wie ich den meinen gegangen bin und weiter gehen möchte.

An dieser Stelle möchte ich meiner Mutter danken, dass sie mir die Kraft und den Mut dafür gegeben hat. Als ich Kind war, wollte ich Schriftstellerin werden, besonders um über das Leben meiner Mutter zu schreiben, was sie alles tapfer durchgemacht hat. Sie freute sich sehr, als sie von meinem Plan hörte. Sie wird sich auch freuen, wenn ich ihr nun sagen werde: „Mutter, ich habe ein Buch geschrieben, was ohne deine Unterstützung und Liebe nicht möglich gewesen wäre. Ich spreche sogar von dir, davon, was du alles Tolles geleistet hast." Ich sehe schon ihr Lächeln, das mit Tränen in den Augen nicht so ganz zum Volllachen heranwachsen kann. Aber ihr Gefühl der Freude kann ich gut erkennen, kenne ich sie doch seit meiner Kindheit.

So bin ich von klein auf vom Tanzen, Malen und Schreiben begeistert – alle Tätigkeiten, die das Leben schöner machen und zum Ausdruck bringen, was man tief im Herzen hält. Das Geheimnis des Lebens zu erkennen. Dieses Geheimnis gebe ich in meinen Reiki-Seminaren und schamanischen Trommelkursen weiter.

In Korea konnte ich diese Fähigkeit leider nicht ausleben und so habe ich um mein Leben gekämpft, um zu überleben. Ich habe so gelebt wie meine Mutter, den Erwartungen anderer folgend. Man müsse hart arbeiten, um sein Brot zu verdienen, und den tausend Vorschriften und Morallvorstellungen folgen, um ein „richtiger Mensch" zu werden. Damals wusste ich nicht, dass man das Leben so leben kann, wie man es geträumt hat.

Nach dem Uni-Abschluss begann ich sofort zu arbeiten und verdiente gut. Eines Tages kam in mir der Gedanke auf, dass mich in meinem Leben etwas Besonderes erwartet. Ich sehnte mich nach etwas, das ich nicht genau beschreiben oder greifen konnte.

So entschloss ich mich, nach Japan zu gehen. Da ich Japanisch studiert hatte, war diese Entscheidung einfach.

Um meinen Plan zu verwirklichen, brauchte ich aber viel Zeit und Kraft, denn ich musste meine Eltern überzeugen, die sich große Sorgen um mich machte.

Damals war eine solche Entscheidung, einen „guten" Job aufzugeben und ohne festes Ziel ins Ausland zu gehen, für ältere Generationen schwer verständlich.

„Als 25-jährige junge Frau geht man nicht so einfach alleine ins Ausland", hieß es, aber meine Durchsetzungskraft war stark.

Japan ist ein Land, wo alte Traditionen und neue Technologie gut miteinander verwoben sind. Ich lebte in der alten Hauptstadt Kyoto, mit vielen über 1000 Jahre alten Tempeln, umgeben von heiligen Bergen, die etwas Mystisches ausstrahlen. Dort fühlte ich mich sehr wohl und habe dort auch meine erste Begegnung mit Reiki gemacht..

Dort geschah auch etwas, womit ich gar nicht gerechnet hatte. In der Sprachschule lernte ich einen Deutschen kennen, der mich immer liebevoll anstarrte und zu dem ich mich ganz magisch hingezogen fühlte. So fing dort in Kyoto eine lange Liebesgeschichte mit meinem Lebensgefährten Mark an.

Als ich aus Japan nach Korea zurückkam, war mein Herz leer. Es brauchte drei Jahre, bis ich lernte, dem zu folgen, was mein Herz mir sagte. So kam ich nach Deutschland.

In Deutschland habe ich mehr Zeit als in Japan gebraucht, um mich an die neue Umgebung zu gewöhnen. Ich konnte die Sprache nicht, es gab außer Mark niemanden, den ich kannte. Ich war wie ein neu geborenes Baby, das alles lernen muss, um zu überleben.

Es gab eine Phase, in der ich dachte, wenn ich nach Korea zurückgehen würde, dann gäbe es dort etwas, womit ich mich gut auskenne, und dass dort die Leute sind, die seit meiner Kindheit bei mir waren.

In Korea hatte ich ein sichereres Gefühl als in Deutschland. Aber dort hatte ich auch ein leeres Gefühl gehabt. Es war zwar vertrauter, aber es fehlte etwas. Das lag daran, dass ich in Korea nicht die Chance hatte, mich so zu entfalten wie jetzt. Und in Korea war die Hälfte meines Herzens viel zu weit, die mich endlich vollkommen vollständig machen kann.

Es ist nicht wichtig, wo ich wohne, wenn mein Herz mit Liebe gefüllt ist.

In Japan habe ich das erste Mal in meinem Leben Reiki kennengelernt, allerdings nicht durch einen Japaner. Damals war ich von einem Freund mit Reiki behandelt worden, was mich sehr begeisterte. Aber ich kam nicht auf die Idee, das zu lernen, weil ich dachte, Heilung mit den Händen sei nur für besonders begabte Leute.

Inzwischen weiß ich, dass jeder dafür begabt ist, aber nicht jeder ist dafür offen. Erstaunlicherweise ist Reiki in Korea unbekannt, obwohl Korea das nächste Land von Japan ist. Sogar in Japan kennen nur wenige Leute Reiki.

In Deutschland hatte ich mehr Chancen, Reiki in voller Tiefe kennenzulernen.

Nach einem Autounfall ging es mir psychisch und körperlich sehr schlecht. Als ich dann den ersten Grad Rainbow Reiki lernte, fühlte ich mich sehr gut damit, weil nach und nach eine Heilung eintrat. So habe ich die Motivation erhalten, noch mehr Reiki zu machen.

Weil das so erfolgreich war, fing ich an, andere zu behandeln. Das hat viele Menschen erfreut und ihnen die Möglichkeit gegeben, gesund und glücklich zu werden. Als ich das positive Feedback hörte, wusste ich, dass es Reiki ist, was mir Spaß macht. Ich habe erkannt, wie wertvoll ich für andere sein kann.

Nach dem ersten Grad machte ich auch Bekanntschaft mit der feinstofflichen Wahrnehmung, wie dem Aura-Chakra-Lesen und weiteren spirituellen Techniken.

Mit der Zeit bin ich sehr feinfühlig geworden. Wenn ich meditiere oder Energiearbeit mache, treten erstaunliche Phänomene und mystische Erfahrungen zu Tage.

So habe ich mich fortgebildet, um mich und andere immer gezielter und professioneller behandeln zu können. Langsam öffnete sich eine Tür nach der anderen.

Die Wunder der Heilung und spannende Erlebnisse nahmen zu. Ich erkannte das als meine Berufung und habe dann die Rainbow Reiki-Meisterausbildung begonnen. Während der Ausbildung entdeckte ich weitere meiner Talente, die mir bis dahin nicht bekannt gewesen waren und mir Kraft gaben. Heute lebe ich meine Talente voll aus und gebe sie in Seminaren und Behandlungen weiter.

Seit fünf Jahren lebe ich nun in Deutschland. Ich habe viele Gelegenheiten gehabt und genutzt, mich zu entfalten, die Dinge zu tun, die ich immer gern machen wollte. Durch die Begegnung mit Rainbow Reiki und Schamanischer Heilung konnte ich meinen Lebensweg völlig neu gestalten und meine wahre Berufung erkennen, um ihr dann zu folgen. So kam auch mein Geist nach und nach zur Ruhe. Das war es, wonach ich gesucht hatte, bevor ich nach Japan ging.

Die Begegnung mit Mark ist ein Geschenk von Gott. Wenn ich in jener Zeit nicht an jenem Ort gewesen wäre, hätte mein Leben völlig anders ausgesehen. In diesem Zusammenhang glaube ich an ein Schicksal, dass die Göttinnen uns zueinander geführt haben. Den ersten Schritt zum Glück habe ich zwar selber gemacht, aber ohne den Schutz und die Führung der Göttin wäre ich nicht bis hier gekommen. Außerdem bin ich meinem Lebensgefährten Mark sehr dankbar, dass er mir liebevoll beisteht und mir die wunderschönsten Seiten des Lebens zeigt. Je mehr man auf dem eigenen Weg ist, desto mehr wird man von Lichtwesen die entsprechende Unterstützung bekommen. Dies habe ich auch bei Mark gesehen. Was für eine spirituelle Unterstützung er bekommt. Man muss wirklich sagen, dass Lichtwesen durch ihn ihre heilende Kraft und Weisheit wirken lassen. Um Licht und Liebe in die Welt zu setzen, bekommt er einen kraftvollen Windzug, damit er ganz locker vorwärts fahren kann.

Ich bin froh, dass ich mit ihm auf diesem Weg bin.

Wo mein Herz voll mit Liebe erfüllt ist, kann ich wachsen. Das ist meine wahre Heimat.

Kontaktadresse und Seminarinformation Junghee Jang
Tel: 06271-947957
E-Mail: junghee@reiki-heiler-ausbildung.de
Homepage: www.reiki-heiler-ausbildung.de

Mark Hosak

Ich lebe gern und deswegen lebe ich auch intensiv. Es war mir in meinem Leben immer wichtig, nicht stehen zu bleiben, sondern voranzugehen. So arbeite ich in vier verschiedenen Themenbereichen – Doktorant im Bereich Ostasiatische Kunstgeschichte, Dolmetscher und Coach für Japanisch, Meister und Lehrer für Rainbow Reiki und Kampfkünste sowie als Kalligraph –, um mein Potential ganz entfalten zu können. Besonders freue ich mich natürlich, wenn sich Verbindungen zwischen diesen Themen ergeben. Natürlich gab und gibt es auch Zeiten der Unsicherheit, wo es mir schwer fiel, meinen Weg zu finden. Bisher habe ich aber immer wieder einen Weg gefunden, meine unterschiedlichen Interessen zusammen in meinem Leben unterzubringen und beruflich zu nutzen. Dadurch habe ich gelernt, dass es sich umso angenehmer lebt, je mehr man seine Hobbys zum Beruf macht.

Durch spirituelle Methoden und Erfahrungen wie zum Beispiel Reiki und Meditation, Pilgerfahrten und Mantraarbeit erfuhr ich große Hilfen auf der Reise zu mir selbst. Wenn ich nicht mehr weiter wusste, kam der Segen von oben und öffnete mir Türen, wo vorher nur Mauern zu sein schienen. Nachdem ich verstanden hatte, dass es sich viel besser lebt, wenn Spirituelles im Alltag einen festen Platz findet, erwachte in mir der Wunsch, dieses schöne Geschenk auch an andere weiterzugeben. Durch die vielseitigen Qualifikationen als Lehrer in den oben genannten Bereichen, die ich mir in den folgenden Jahren erwarb, erweiterte sich mein Leben wiederum und ich erfuhr das Glück, den Weg zum Licht und zur Liebe gemeinsam mit meinen Schülern gehen zu können.

Durch die Beschäftigung mit Inneren Kampfkünsten seit meiner Kindheit entwickelt sich in mir das Verständnis, wie sich Angst und Gewaltbereitschaft in Liebe und den Wunsch zu heilen und zu helfen transformieren lassen. In der spirituellen Philosophie der asiatischen Inneren Kampfkünste nimmt das Ziel, sich selbst zu heilen und sinnvoll mit dem Leben und seinem Potential umzugehen, den zentralen Platz ein. Viele Menschen der westlichen Welt haben die große Heilungskraft dieses Gedankenguts im Taichi-chuan, den vielen Spielarten des Qigong und dem Aikido schätzen und nutzen gelernt. Nach dem hermetischen Gesetz „wie oben, so unten" lässt sich spirituelle Philosophie über den Körper und den damit zusammenhängenden Alltag praktisch erfahrbar machen. So lässt sich auch viel leichter unterscheiden, was wirklich funktioniert, was für den Betreffenden einen Sinn ergibt und was nicht.

Über ausgewählte Übungen aus dem Qigong vermittle ich in meinen Seminaren meinen Schülern ein praktisches Verständnis ansonsten sehr abstrakter spiritueller Gesetze und Erkenntnisse. Über das friedvolle Ruhen im Hara entfaltet sich beinahe automatisch auf ganz natürliche Weise die Lotusblume in der Liebe im Herzen.

Die Natur ist das große Lehrbuch der Schöpferkraft. Über die spirituelle Tradition des Schamanismus ist es leicht, die darin verborgene Weisheit zu studieren und in Heilung und spirituelle Persönlichkeitstransformation umzusetzen. Gerne gehe ich in den Wäldern spazieren und verbinde mich vom Herzen her mit den lichtvollen Geistwesen der Natur in Ritual, Gebet und Meditation. Für mich ist das der notwendige Ausgleich zum Leben und Arbeiten in einem städtischen Umfeld und der Hektik unserer Zeit.

Die aus der Natur erwachsene Herzenskraft nehme ich mit in meine Seminare und Beratungen, um den leidenden und suchenden Menschen ihren Weg zum Glück gehen zu helfen. Gerade zu Beginn der neuen Zeit ist es so wichtig, sich von der Natur inspirieren zu lassen, um die für die notwendige Transformation unserer Lebensweise praktische Umsetzung spiritueller Weisheit vornehmen zu können.

In der japanischen Kalligraphie geht es darum, die spirituelle Kraft des Herzens über Pinsel und Tusche in Schriftzeichen einzubringen, was zur Inspiration und Meditation anregt. Seit meiner Kindheit bin ich fasziniert von dieser spirituellen Tradition. Heute verstehe ich das Schreiben eines Buches wie diesem als einen weiteren Aspekt meiner kalligraphischen Arbeit, die ich in vielen Jahren des intensiven Studiums bei asiatischen Meistern auf traditionelle Weise erlernt habe. In der ersten Zeit meiner Beschäftigung mit Reiki stieß ich immer wieder auf die Meinung, spirituelle Erkenntnisse in Schriftform zu fassen, sei nicht recht. Das machte mich traurig, denn über Tausende von Jahren waren es doch die Schriften und Kalligraphien der großen Meister, die neben der mündlichen Unterweisung das Fundament der Heilung und Ausbildung der nächsten Generation spiritueller Lehrer waren. Ich sehe die Schriftform als sinnvolle und notwendige Ergänzung zu der von Mund zu Ohr übertragenen Form. Die tiefe Ruhe und Fokussierung des Geistes, die Öffnung des Herzens für spirituelle Kräfte, die durch Kalligraphie bewirkt werden können, gebe ich heute im Rahmen meiner Rainbow Reiki-Seminare und in besonderen Kalligraphie-Kursen weiter, um auch anderen Menschen im Westen die Möglichkeit zu geben, ihr diesbezügliches Potential zu entdecken und sich daran erfreuen zu können.

In meiner Kindheit und Jugend gab es große und zum Teil sehr ungewöhnliche Herausforderungen für mich. Deswegen musste ich sehr frühzeitig lernen, auf mich allein gestellt für mich zu sorgen und zu mir zu stehen. Erst später habe ich verstanden, dass ein Teil meiner spirituellen Ausbildung in Form von Unterricht stattfindet, ein anderer im Leben. So gelang es mir aus den Härten meiner frühen Jahre mit Hilfe spiritueller Wesen die Bereitschaft wachsen zu lassen und aus dem Herzen zu leben.

Aus göttlicher Sicht betrachtet bietet jede Erfahrung einen Keim, der zu einer Pflanze des Glücks der Schönheit und der Erleuchtung wachsen kann. Statt unter seinem Leben zu leiden, kann ein jeder die Erfahrungen zu Weisheit, Sinn und Liebe destillieren.

Entsprechend der bekannten Regel „Der Weg ist das Ziel" geht es dabei nicht hauptsächlich darum, einen bestimmten Entwicklungsstand zu erreichen, sondern den Prozess aus dem Disharmonischen zu Harmonie werden zu lassen. Sich immer weiter zu entwickeln. In der östlichen spirituellen Tradition wird dies als eine wunderschöne Lotusblume beschrieben, die aus dem Morast des Sumpfes wächst und sich mit ihren Wurzeln dort hält und nährt. Es steckt große Weisheit darin, sowohl die Blume als auch den Sumpf respektieren und lieben zu lernen.

Mein Studium habe ich unter schweren Bedingungen bewältigt. Meine ganze Freizeit steckte ich in die mehrjährige Rainbow Reiki-Meisterausbildung. Gleichzeitig wurde ich wirtschaftlich selbständig. Heute gebe ich weltweit Rainbow Reiki-Seminare und Beratungen. Neben meinen Pflichten und meiner Ausbildung nehme ich mir die Zeit, mich der Kunst zu widmen und professionell als Kalligraph tätig zu sein. Das gibt mir sehr viel und mein Herz blüht auf. Deswegen integriere ich auch Mantras und Symbole in Kombination mit Kalligraphie in meine Arbeit.

Natürlich gab es auch Zweifel und Schwierigkeiten auf dem Weg. Verwandte und Bekannte haben mir einreden wollen: „Schuster bleib bei deinen Leisten! Damit wirst du nichts. Das schaffst du nicht. Das ist doch viel zu schwer …" Trotz dieser so nett gemeinten Ratschläge bin ich immer meinen eigenen Weg gegangen. Schon als Kleinkind begeisterte ich mich für ostasiatische Kulturen. Sei es die chinesische Schrift, die japanische Sprache, energetische Heilmethoden oder Innere Kampfkünste.

Es war und ist mir immer wichtiger, die Dinge zu tun und zu lernen, als mir darüber Gedanken zu machen, wie aufwendig sie sind. Ich weiß, dass es nicht viele Leute gibt, die das tun. Ich tue es, weil mir die Themen, die mich im Herzen berühren, mir so wichtig sind. Immer wenn ich spüre, dass eine Idee dem Weg meines Herzens entspricht, kann mich nichts mehr aufhalten. Gerne habe ich mein halbes Leben eingesetzt, um Japanisch zu lernen und schließlich für mehrere Jahre nach Japan zu fahren, um dort durch mein Wissen zu vertiefen. Gerade weil mir das so wichtig ist, habe ich mir Wege gesucht, diese scheinbar unmöglichen Dinge möglich zu machen.

Dabei bin ich auch so manches Mal auf die Nase gefallen, aber immer wieder aufgestanden und weitergegangen. Ich habe gelernt, dass jedes Problem auf dem Weg mir eine Fülle von Lernmöglichkeiten zum Wachsen bietet. Dies zieht sich wie ein roter Faden durch mein Leben. Dadurch, dass ich immer am Ball geblieben bin, konnte ich mehrere Redewettbewerbe Japanisch in Japan und Europa gewinnen, eine 1500 km lange Pilgerfahrt durch den japanischen Urwald zweimal durchstehen, mehrere Kampfkünste bis zum Meistergrad erlernen, Lehrer für Kalligraphie werden, mein Studium an der Universität Heidelberg und die zweistufige Rainbow Reiki-Meisterausbildung parallel mit hervorragenden Leistungen abschließen und quasi nebenbei mit Seminaren, Beratungen und Dolmetschen meinen Unterhalt verdienen.

Besonders großen Wert lege ich auch auf mein Liebesleben. Nach den Irrungen und Wirrungen verschiedener Beziehungen habe ich in Kyoto meine Traumfrau Junghee Jang aus Korea getroffen. Das war Liebe auf den ersten Blick, doch war ich damals noch zu schüchtern, mich an sie heranzupirschen. In einem Traum während meiner Pilgerfahrt hat der Mönch Kûkai sie mir nochmals als meine Lebensgefährtin gezeigt. Jahre später hat mein Reiki-Meister Walter mich überzeugt, sie nach Deutschland zu holen. Reiki hat mir dabei die Kraft gegeben, die kulturellen Unterschiede und großen Entfernungen zu überwinden. Jetzt leben wir seit einigen Jahren glücklich in Heidelberg.

Ihre unermessliche Liebe und Unterstützung in allen Lebensbereichen gibt mir die nötige Wärme, Geborgenheit und Schaffenskraft, um auf meinem Weg voranzuschreiten und vielen Menschen auf ihrem individuellen Weg helfen zu können.

Kontaktadresse und Seminarinformation Mark Hosak
Tel: 06271-947 957
E-Mail: office@markhosak.com
Homepage: www.markhosak.com